田爱丽◎著

世界著名中学办学之道

华东师范大学出版社

目 录

第三部分

引言：研究世界著名中学人才培养模式不仅是教育问题

一

教育界有不少人好奇：世界上被公认的好学校是如何办学的？他们的理念是什么？他们是如何做的？他们在办学过程中得到了哪些支持？遇到了什么困难？

与此同时，对于一个国家而言，天资聪颖的学生是未来社会核心竞争力的关键。然而，这些学生毕竟是人群中的少数，对于这些学生该如何培养的问题，我们目前的基础教育实践探索得并不充分。

基于对上述两个问题的思考、困惑与好奇，"世界著名中学人才培养模式"研究课题应运而生。在研究的过程中，我们越来越感觉到这不仅仅是一个教育问题，更是关系到一个社会乃至一个国家在国际间竞争胜败的问题。

上海中学前任校长唐盛昌在《中国需要世界著名中学》一文中指出："这是一场竞争，一场信息时代背景下基础教育的竞争，一场中国名校与国际主流教育环境下世界级名校的竞争，一场涉及到下一代人才质量的竞争。这样的竞争没有硝烟，没有范围，没有裁判，但竞争的结果却可能影响到国家的发展。从本质上看，这其实是在挑战未来，挑战命运。”①

与此相类似，2011 年 9 月至 10 月，中国民办学校管理者代表考察团访问美国，时任中国驻纽约总领事馆教育参赞岑建君在接待考察团时曾语重心长地说：“第一：我们需要重新认识美国的基础教育，一个国家的强盛是小学的课堂决定的。我们常常听到美国的学者和教授批评自己的基础教育，美国学校之所以报忧不报喜，是为了获得更多政府的支持。第二：我们研究美国的基础教育要全面研究、科学研究才会得出正确的结论。”②

美国 13 万所中小学校共分三类：A 类是私立学校，有 3 万所。年学费从 1 万美元到 3.8 万美元到 4 万美元或 5 万美元到 6 万美元不等，教育质量相当好，学生约占 400 万人，是美国未来尖端人才的后备军，但我国的专家对此类学校研究很少。

B 类是郊区学校，以公立为主，处于富人区，学生多出自中产家庭。这个阶层所交的房产税中的 70%—80%用来支持学校，房产税所缴比例为 3%（房屋的总价值为缴费基数），我国对这类学校研究得也不多。

C 类是城市学校，我国对此类学校研究得比较多。美国的城市学校以公办为主，是政府承担的兜底学校。这类学校学生 90%为外来移民，学生人数占学生总数 93%，来自 25 个

① 唐盛昌. 中国需要世界著名中学[J]. 中小学校长. 2005(3)：1—2.
② xiaolong_yc 的博客[EB/OL]. http://blog.sina.com.cn/s/blog_4079999c0100ut2u.html. 2017-02-21.

大城市，英语语言基础不好，政府关注得多。

而对美国未来社会发展起关键与核心作用的则是A类学校及其所培养出的学生。其实，就连自认为是世界上最聪明的法国人也认为，精英教育是国家充满活力、智慧的保证。

不得不承认，对于精英人才的培养和教育问题，就基础教育阶段而言，我国的研究还有待深入，实践还有待丰富，有着不少亟待解决的问题。教育部长陈宝生在《2017年全国教育工作会议工作报告中》指出："真正的教育公平不排斥卓越。"英才教育对于国家发展具有重要战略意义，要建立早期发现、跟踪培养特殊通道……通过因材施教发展每一个学生的优势潜能。

上述现象和事实，让我们更加深刻地认识到对世界著名中学人才培养模式的研究具有重要意义和价值。为此，我们通过各种途径，如网络筛选、小组讨论等方式，遴选研究的对象，选出来十余所世界著名中学，全面梳理每所学校的办学历史、人才培养的理念和目标、人才培养的方法和举措、人才培养的保障措施等。在此基础上，再深入分析世界著名中学人才培养模式的核心理念和举措，找出其共性和个性差异。最后，结合我国知名中学人才培养的现状，为我国知名中学人才培养提供借鉴和参考。

二

通过讨论分析，本研究认为，所谓世界著名中学是指那些有着深厚的文化积淀、优秀的教师群体，能提供适合学生个性发展的教育教学以及质量保障的体系，著名校友人士多，在世界范围内享有高度知名度和美誉度的中学。这里“世界”的地域范围主要指我国大陆以外的国家和地区，例如我国台湾地区和香港特别行政区。不是说中国大陆没有世界著名的中学，而是为了借鉴和提高的目的，本研究主要研究大陆以外的著名中学。经网络筛选和课题组成员的分析讨论，本研究所选的10余所中学分别是：英国的伊顿公学(Eton College)、威斯敏斯特中学(Westminster School)，美国的斯蒂文森中学(Stuyvesant High School)、安多佛学校(Academy of Philips Andover)，法国的路易大帝高中(Lycée Louis le Grand)，芬兰的罗素高中(Ressu Upper Secondary School)，新加坡的莱佛士书院(Raffles Institution)，澳大利亚墨尔本女子中学(Melbourne Girls College)，我国台湾地区的台北市立建国高级中学、香港特别行政区培正中学。纵观上述世界著名中学，均有着悠久的办学历史，并在长期的历史传承中积淀了丰富而又深厚的文化内涵，形成了鲜明的学校特色。与此同时，这些学校在长期的历史发展中培养了数位享誉全球的知名人物。

伊顿公学始建于1440年，至今已有570多年的历史，以“精英摇篮”、“绅士文化”闻名世界。学校以严格的管理、优异的学业成绩闻名于世，每年250名左右的毕业生中，70余名进入牛津大学、剑桥大学，70%进入世界名校。伊顿公学被认为是英国王室、政界经济界精英的培训之地，这里曾造就20位英国首相、36 位得过维多利亚十字勋章（英国最高荣誉的英勇奖章）的勇士，培养出英国海军名将威灵顿公爵、诗人雪莱、经济学家凯恩斯，也是英国王子威廉和哈里的母校。伊顿公学这个名字数百年来一直是特权的同义词，是一个盛产英国精英的地方。

英国另外一所公学威斯敏斯特学校也是一所历史悠久的学校，它的历史可以追溯到 1179 年。从 17 世纪起，其知名度就不断提升。威斯敏斯特学校重视学术发展，尊重学生个性，教学成绩显著，是英国学术成绩最优秀的学校之一。在近年的英国中学课程排名（A-level 排名）中都有出色表现，在男女合校中更是高居榜首，学生的考试成绩一直保持一个较高的水平。威斯敏斯特学校不仅在学术方面的成绩是极为卓越的，同时有着丰富多彩的课外活动，在音乐、戏剧和艺术方面也很出众，并组织了很多的音乐和戏剧活动。在充满挑战性的教育模式下，学生的潜能得到最大程度的发挥。

美国著名私立高中安多佛学校建于 1778 年，其毕业生大多升入美国常春藤名校，被称作“哈佛预备学校”。在丰富的教学生活中，该校形成了“为别人服务”和“发现学生自身潜能”两方面的特色。1778 年建校时，学校章程中就明确指出，学校应该让来自世界各个角落的青年懂得：“仅仅有高尚的品德而没有丰富的知识是无用的；然而，仅有知识而没有高尚的品德却是危险的。”学校的办学的宗旨就是“not for self”。①

① PA History. http://www. andover. edu/About/PAHistory/Pages/default. aspx. 2017－02－21.

美国斯蒂文森高中始建于 1904 年，经过多年的探索与努力，斯蒂文森高中目前已经发展成为培养数学、科学和技术人才的首选学校，有美国“小哈佛”之称。在每年英特尔科学天才调查中，斯蒂文森高中是拥有奖项数量最多的学校。正如曾任斯蒂文森高中校长的泰特尔所言：“倘若我们学校没有常胜篮球队，纽约市教育局的督学不会给我打电话；如果某场足球赛我们以 3∶5 败北，也不会有人给我打电话。但倘若我们学校没有拿到一系列国家数学和科学奖，我的电话肯定会响。”[①]幽默的言辞表达出校长对本校优势科目的骄傲与自豪。2008 年 12 月 15 日《美国新闻与世界报道》刊登的一篇关于美国优质高中的报道特别指出，顶尖高中之所以成为顶尖高中，主要因为该学校在数学、科学、技术方面取得了巨大的成功。

莱佛士书院是新加坡一所公学性质的男校。作为新加坡历史最悠久的学校，该校是由新加坡的发现者及首任总督英国人斯坦福·莱佛士爵士于 1823 年 6 月 5 日创办，原名新加坡书院(Singapore institution)，1868 年为纪念莱佛士爵士而更名为莱佛士书院。莱佛士书院一直都是新加坡最顶尖的学校之一，自 1993 年新加坡教育部发表官方的中学排名以来，该校一直名列第一或第二。该校同莱佛士女子中学和莱佛士初级学院一起开设直通车课程，使学生不必参加中学会考，直接进入两年制高中学习。此外，该校也开设特殊教育课程，面向全新加坡最顶尖的 1%的学生。在该校长达 100 多年的历

① [美]克莱因著，马蕾、李旭晴译. 揭秘美国最好的中学[M]. 上海：华东师范大学出版社. 2009：13.

史中，培养了新加坡几乎所有重要的政商界人士，包括新加坡的两位总理李光耀与吴作栋。学校的办学理念是“致力于培养个性鲜明、充满自信、乐于奉献的未来世界的领导者”。学校希望学生能够在他们所属的团体中表现得最好，并且他们做到了。他们处处体现着学校的使命即“通过领导和服务培养出思想者、领导者和开拓者”。学生学业成绩优异，综合素质高，有较强的领导力。

法国路易大帝高中的历史最早可以追溯到1563年，迄今已有450余年的历史。学校培养了文学家莫里哀（1622—1673）、维克多·雨果（1802—1885），诗人夏尔·波德莱尔（1821—1867），印象派画家埃德加·德加（1834—1917），哲学家萨特（1905—1980）、梅洛·庞蒂（1908—1961）、德里达（1930—2004），启蒙思想家伏尔泰（1694—1778）、狄德罗（1713—1784），革命家罗伯斯庇尔（1758—1794），社会学家涂尔干（1858—1917），数学家拉梅（1795—1870）、埃瓦里斯特·伽罗华（1811—1832），法国前总统蓬皮杜（1911—1974）、雅克·希拉克（1932—），知名电影人吉尔斯·雅各布（1930—）……

芬兰罗素高中创建于1891年，以追求学生的全面发展闻名于世。学校课程丰富，教学灵活，学生2至5年均可以从学校毕业。学校氛围宽松，教师关爱学生，对学生负责，师生之间相互尊重，相互信任。

和上述学校相比，澳大利亚墨尔本女子中学建校历史不长，但是以其卓越的学术成绩和学生领导力培养著称于澳大利亚，培养出了一大批优秀人才，深受家长和学生喜爱。

我国台湾地区的台北市立建国高级中学在台北乃至整个台湾地区都有广泛声誉，培养了一大批政治、经济和社会领域的精英，马英九也毕业于该校。

香港培正中学建校于 1889 年，至今已有近 130 年的历史。如其校长所言，她和香港有着相同的经历和待遇，是香港社会经济文化的一个典型缩影。学校是基督教会学校，校训是“至善至正”，旨在培养善良正直、对社会有用的人才。当前，学校着力推行“全人”教育，学生不仅学业成绩好，学科知识扎实，而且品性好、身体好，善于与人沟通，自身潜能能够得到充分发展。

在遴选了案例学校之后，通过文献分析、现场考察学校、师生座谈访谈等研究方法，本研究对这些学校办学的起源与历史、办学的定位、人才培养的目标、学校的精神、课程体系、教学安排、评价方案以及相关管理制度等进行深入分析，这就是本书第一部分的内容：世界著名中学人才培养模式的个性描述。在此基础上，本研究对这十所案例学校的人才培养模式进行了横向比较，总结出了世界著名中学在人才培养的精神追求、人才培养的内容与方法、人才培养的保障性措施等方面的共性特点，这是本书第二部分的内容：世界著名中学人才培养模式的共性分析。最后，结合我国知名中学人才培养的现状，借鉴世界著名中学人才培养的共性特点，为我国知名中学人才培养提出了改进意见和建议，也就是本书第三部分的内容：他山之石，可以攻玉——我国知名中学人才培养模式改善的思路。

第一部分
世界著名中学人才培养的个性描述

如前所言，本书中的“世界著名中学”，是指那些有着深厚的文化积淀、优秀的教师群体，能提供适合学生个性发展的教育教学以及质量保障体系，著名校友人士多，在世界范围内享有高度知名度和美誉度的中学。“世界”一词主要是水平概念，是指具有世界级水平的著名中学。本书中所指的“人才培养模式”，是指在特定办学理念的引导下，按照一定的人才培养目标和规格，以相对稳定的课程体系和教学方式，并借助于一定的管理制度和评价体系，实施人才教育活动过程的总和。具体来说，学校人才培养模式包括以下五层涵义：(1)学校人才培养理念；(2)学校人才培养的目标；(3)为实现培养目标的课程体系；(4)学校的教育教学活动和方式方法；(5)为实现这一目标所采用的管理制度和评价体系。本部分从纵向的纬度深入分析每一所学校是如何定位自己的办学方向和理念以及学生培养的思路和方法。

第一章

“不为自己”的办学追求——美国安多佛学校人才培养模式分析

美国著名私立高中安多佛学校(Phillips Academy in Andover,简称安多佛)被称为美国大名人的“小”学校,1778 年建立,是美国历史最悠久的私立寄宿高中。目前学校接收 9—13 年级学生,其毕业生大多数升入美国常春藤名校,被称作“哈佛预备学校”,美国第四十一和四十三任总统布什、威廉·詹尼均毕业于该校。学校文化多元,大多数学生为白色人种和亚洲人。教职人员受过良好的教育,通常都是中上等阶级。学生主动性强,勇于挑战自己,学生群体之间常进行良性竞争,彼此相互促进,教师、同学彼此帮助,相互倾听,这已经成为了安多佛学校的传统。

图 1-1-1 安多佛学校校园一瞥

一、"不为自己"的办学追求

1778年4月21日，学校创始人菲利普斯(Samuel Phillips)颁布了学校的章程。章程上承诺：对所承诺培育的年轻人扩充其头脑，培养其品行。章程中指出，学校应该让来自世界各个角落的青年懂得："仅仅有高尚的品德而没有丰富的知识是无用的；然而，仅有知识而没有高尚的品德却是危险的。"长期以来，这一信条促使学生们在脑力、体力及精神上不断超越自我，追求卓越，攀登新的高峰，既为自己，也为他人。学校多年的办学历史，见证了他们历代的学生在"自我潜能的发现"和"服务于他人"这两方面的成长。

图1－1－2所示的学校校徽体现了该学校的办学追求。校徽的外环刻着学校的名称和建校年代，中央部分的右边有一个蜂箱，周围有一些蜜蜂正忙着在花丛中采蜜，菲利普斯认为，懒惰是最阴险的、败坏道德的恶习。他把蜂箱比作学校，用辛劳的蜜蜂来比喻在学校里孜孜不倦求学、工作的学生和老师们，他们从芬芳的花朵中吸取无穷的花蜜(知识)，酿成蜂蜜(成果或贡献)奉献给社会和人类。在中央的上方是光芒四射的太阳，照耀着这些勤劳的蜜蜂和花朵，太阳的中央写着"Non Sibi(不为自己)"，象征着学校的每个人都要为他人和社会贡献着自己的光和热。这些字符和画面激励着该校众多校友为他人

图1－1－2　安多佛学校的校徽

无私奉献的行为，这也正是学校一贯倡导的做人精神。①

2000 年，学校在更新的“办学宗旨”(Statement of Purpose)中融入了新时期的特点，但不变的是要培养学生的服务意识、责任意识，并充分发展每个学生多方面的潜能。“安多佛学校是一所寄宿高中，她寻求来自不同地区、不同民族和社会阶层的、有着各种不同的传统文化和地域背景的、高智商、正直诚实的学生。学校的寄宿制生活使教师能帮助学生在个人生活、社交能力和智力等方面得到很好的发展。全面的学术课程设置促使学生们在文理传统学科方面取得优异的成绩。全体教员用心指导学生掌握技能，获取知识，并且能批判性、创造性地进行独立思考。学校努力帮助学生发挥他们的潜能，使他们不仅在智力上，而且在艺术，体育和德育等各方面都得到全面发展，营造丰富而充实的学校生活，成长为有责任心、有能力的人。该校是一个有着各种不同社会背景和信仰的社区，鼓励人与人之间相互尊重，相互包容。通过各项课程和活动，学校努力促使学生在‘领导才能、合作精神、服务意识’等方面得到全面而平衡的发展，同时对世界的全球化有比较深的理解，对自然环境有较强的保护意识。”②

学校有较为稳定和成熟的培养目标、标准和体系，学校的育人目标是独立的，是由学校的创始人、学校的董事会、管理层和老师决定的。诚如学校课程建设的负责人大卫·福克斯(David Fox)先生所言，安多佛的育人目标没有官方标准。作为一个私立学校，安多佛较少考虑任何联邦标准和州标准。当然，安多佛学生也需要参加一些标准化考试，比如 SAT、AP 测试等，但安多佛自己的课程和其他活动没有任何标准要依附。从这点来讲，安多佛学校和世界上大部分学校体系都不一样，甚至和美国的公立高中体系也很不一样。

---

① About Phillips Academy. http://www.andover.edu/About/Pages/default.aspx. 2016-11-22.

② About Phillips Academy. http://www.andover.edu/About/PAToday/Pages/StatementofPurpose.aspx. 2017-02-21.

二、独特的院系设置与课程教学安排

安多佛学校虽然是一中学，但是学校内的系别设置以及课程设置，很类似于大学的做法。学校目前共有 15 个学科系，包括艺术系、古典研究系、英语系、历史与社会科学系、数学系、音乐系、自然科学部(生物学系，化学系，环境科学系，物理学系)、体育系、哲学与宗教研究系、心理学系、戏剧与舞蹈系、外语系等。15 个学科系开设了 300 多门课程，分别为基础课程、选修课程和补充课程。几乎每个系都有先修课程和高阶课程，基础课程提供基本的教育，种类繁多的选修课程通常是在某个领域相对比较专深的先修课程，供那些在某些领域有专长的高年级学生选修。学校还为学生提供独立研究和出国考察学习的机会，即补充课程(School Year Abroad，海外学年)，学校为学生提供到中国、法国、意大利或西班牙学习一年的机会，计入学习学分，以便让学生亲身体验异国环境和文化。

学校核心课程的具体要求和教授内容，则由各院系所决定，同时由学校学术委员会负责监管，然后由全体老师商讨并投票决定，大部分课程的难度都超过高等教育入学水平。安多佛的科系都相对比较独立，也有很大的权力。当然，很多人认为这是安多佛学校的一大弱点，比如英语系和历史系并不互相讨论、互相合作。而在每个系内，老师几乎能够设计任何他们想上的内容，只需要和系主任讨论，然后系主任决定是否可行，90%的情况下都能通过。大家相信最有效的教学来自于老师教授他们自己感兴趣的东西，如果老师都不喜欢教材，那么学生更难喜欢上课程。

学校的课程不是按照年级来排，而是按照难度来安排，比如 100 开始的是最浅的课程，200 开始的是比较难的课程，即使初级的课程也有不同速度的教授方法，有普通班，也有加速班，加速班的教师会把两学期的内容放到一个学期上完。低年级学生必修英语、历史、数学，自由选择一门外语、一门科学、一项与艺术相关的指导课程。学生可根据自己的水平选择科目，但是同时还要保证在各个领域完成一定数量的课程。大多数学生每学期上 5 门必修课程、2 门左右的选修课程，每个学生上不同的课程。在各科目的学习中，学生完成一个难度的课程学习后，再进行下一难度的课程。

三、丰富多彩的学生社团体艺活动

学校拥有 100 多个学生社团组织，包括学术、艺术、经济、环保、健康、语言、音乐、运动、政治/法律、出版、电台、信仰、多元文化、社区服务等。如果这些活动没有你喜欢的活动，你也可以提议创办一个活动或团体。学校里有许多不同种族的学生，会进行时装表演、即兴演出，组织剧团、运动队。娱乐和社交活动安排在周末，如音乐系周末主办音乐会，演奏古典名家的作品。学生通过参与课外活动，成为有独立性、有责任心、有头脑、善于分析问题和解决问题的青年人。

学生需要根据学校要求，在特定时间进行一定时长的社区服务。社区服务办公室提供 50 多个社区服务项目，公共服务机构为学生们提供为周围社区进行志愿服务的机会。学生每学期需要义务服务一次或每周服务几小时。在暑期，学校也为学生安排了丰富多样的活动，如开展一些大学课程的先修班，或者从事学术交流，或者进行户外探险，或者到别国旅行与进行外语学习，或者进行专业实习等。夏令营、艺术团体、运动队训练、比赛等都可以安排在暑期进行。

四、重视思维能力培养的课堂教学

在安多佛学校，理科课程的学习很多时候需要学生坐成排，认真听老师讲课，教师会通过课程讲解学科知识。文科课程的学习，通常是老师给出题目，然后学生自由讨论，老师对于学生的回答给予肯定或评论。课程主要以教师指导、个人自我探究为主，老师在课堂上教授学生如何独立思考。教学方式的多样性使学习生活更加有趣，学生不必每天呆在同样的班级。

学校课程负责人大卫说，这里的教学非常强调讨论和参与，所以小班的形式很重要。老师和学生之间更像伙伴关系，很平等。学生不仅需要理解材料，更需要积极地参与讨论，这也是作为学生的责任。因为小班的便利，老师也更容易管理学生，更容易关注每个学生并应对每个学生的需求。举例来说，如果是诗歌阅读的话，老师会鼓励学生自己提出问题和想法，学生会提出一些独特的见解，老师会引导学生去讨论他们自己的东西。诗歌的讨论可以包括具体字词的选择、修辞的意义等等。英文的诗歌文学本身就比较含糊，可以有很多不同的解读。

所以该校教师认为，课堂教学应该引导出学生尽可能多的对同一文本的不同看法，而这些不同看法也要能在文本内找到强有力的支持，不能只是学生阅读后的感觉而已。那么，在课堂教学之前，学生就需要有相关的阅读和写作，有时候也会给一些问题，让学生在来课堂前先思考。

五、个性化辅导的顾问制度

安多佛学校的一大特色是：在这里，任何类型的成功都会被认可、被尊重。好的演员、好的运动员、好的数学家和好的艺术家会受到一样的欢呼和尊重。学校给每位学生配备了学术顾问老师和升学顾问老师，个性化地辅导学生的学习和升学。

在安多佛学校，每个学生都有一个学术指导教师，每两周至少和学生碰面一次。课程指导的一个重要任务是要保证学生顺利地完成每个年级的课程要求，另外要根据学生的兴趣爱好，给出一些选课的建议。指导教师的职责并不是直接告诉学生去做什么，而更多的是告诉他们有哪些选择方向。学生要和不同的人物讨论，如和父母商量等，最后还是要自己做决定。老师根据每个人的选择，给每个学生制作一张独特的课程表。

学校会给学生配备专门的升学顾问，升学顾问的职责是关注每个学生才能，做出最合适的匹配。学校招生顾问办公室每年会在校内举办几次"大学招生展览会"、"家长咨询会"等活动，让各大学的招生老师与学生和家长直接见面，相互了解。每一位顾问老师负责指导一组学生，在学生离毕业还有一年半时间，即每年的冬季学期开始之时，老师们就开展活动，以确保学生参加了 SAT 和 AP 课程考试，然后顾问老师帮助学生挑选参观申请的学校。与此同时，升学顾问会根据学生的兴趣，指导学生选择课程。

当重要考试完成后，顾问老师会和学生商讨，根据学生意愿，推荐适合的大学，帮助学生判断哪些学校合适及其考上的可能性，哪些需要努力争取，帮助学生列出申请的大学名单。他还会将申请名单扩充，鼓励学生考虑另外一些学生没有考虑的学校，然而，名单的确定最终取决于学生个人。12 年级的秋季学期开始的时候，学生会确定最终的申请学校名单。顾问老师同时还会考虑到奖学金的政策问题，同时，顾问老师会通过跟学生多次的接触，认真审阅其个人陈述和申请表后，给学生写推荐信，他也会同时告知学生可以什么时间向哪位老师要推荐信。整理完所有材料后，顾问老师将所有材料寄出。在大学申请的过程中，顾问老师会随时跟进申请流程，对申请的每一环节仔细把关，直到申请成功。

如果学生学习情况不容乐观，学校会给学生配备课程辅导老师，老师会了解学生情况并给予帮助或指导，同时也请心理老师参与。在学期的期中和期末，老师会和学生一起回顾所学课程的情况，判断是否需要帮助或作适当的调整。对一些困难较多的孩子，老师会允许及时变更所选科目的数量或某一课程的深度。

由此可见，学生的学术顾问和升学顾问老师对于学生的课程选择、升学指导起着重要作用，这和学校多样的课程设计和弹性的教学一起，构成了满足学生个性化发展的教育教学体系。

六、热情而又专业的教师队伍

学校目前有200多位全职和兼职的教师，他们当中有37位博士、121位硕士。学校95%的教职员住在校园里，这样不仅方便教师在课堂上传授知识，而且在课外活动中指导孩子们如何去获得成功，还在生活中无微不至地关爱着孩子们的成长，时刻关心孩子们的身心健康，使其各方面平衡发展。

安多佛学校招聘教师的关键是教师要对青少年教育有极高的热情，有一定的、最好是3—5年的教学经验。安多佛并不喜欢教学经验极为丰富的教师，因为安多佛本身就拥有很多培育人才的经验，他们希望有活力的教师可以带来新的理念，让学校不断创新和自我更新，紧随时代的潮流，一直保持领先的位置。另外，教学经验很长的教师招得不多的原因之一是因为学校也要考虑成本问题，这里的工资基本是由年龄和教龄决定的，和学历无关。

安多佛学校很少招聘刚从学校毕业的年轻教师，但安多佛有一个教师项目，让这些年轻教师来教学一年，体会一下教书的感觉。这样做的目的是把一些本来不一定会成为教师的人召来，使得他们对这一领域感兴趣。教师的背景也非常多样化，大部分是教师背景出身，也有很多律师、科学家和工程师，因为学生们喜欢背景多样化的老师。老师来到这里以后，都要同时从事不同的工作，既要教学，又要在寝室里当宿舍老师，还有的会成为学校体育队的教练，或者是项目的负责人，所以在招聘人才的时候，安多佛也很重视对方是不是有多种能力。

在教师管理方面，安多佛学校也有教师评价制度。在教师来到安多佛的第三年，会有一个来自学生、同事和领导的三角评价体系，评价包括课堂教学、宿舍辅导、自我评价等等。安多佛对老师的评价体系基本都不和学生的成绩挂钩，主要是让学生来评价老师，比如他们有问题的时候能不能找到老师，能不能从老师这里得到对问题的解答等等。至于教师同事之间的评价，或者每个学科对老师的评价，都不进行具体的评分，主要是以表述类的方式，如哪些方面做得好、哪些方面可以改进等来进行的。

七、促进学校发展的内部和外部评价

安多佛学校的评价分为两种，内部自我评价和外部评价。内部评价是由学校所委任的专门监管的教师所负责，管理层主要有四个评价标准：目前的优势，如何保持优势，需要改进的地方，如何在限定的时间内改进。外部评价每十年一次，主要是由新英格兰地区独立学校联盟（Association of Independent Schools in New England http://www.aisne.org/）进行评价，包括学校的治理、学校管理、教学、师资等各方面的评价，也有一些来自其他私立中学的人员来参加外部评价。与此同时，安多佛学校还接受来自国家独立学术委员会 NAIS（National Association of Independent Schools）进行的严格资质审核，定期进行复查。复查内容涵盖学校董事会及校长、课程设置、学生生活、学校安全、体育运动、硬件设施、资金管理、募集资金、师资、招生等各方面，还必须做到不以营利为目的。

学校课程负责人大卫介绍，每十年，安多佛学校会进行一次自我调研，从自我评价开始，有好几个步骤。有大概 10—20 个领域，包括学生经历、老师经历、学校资源、学校设施、学校管理、学校监督等。老师们组成各种委员会来进行评估，所有的老师都被邀请，安多佛 222 位老师中的 105 人都报名参与。比如说，大概 5—6 名教师组成学校管理调研小组，写成一份 2—3 页的评价报告，每个科系也会出一份自我评价报告，这些报告基本总结学校在每个方面做了什么，做得怎么样。然后，安多佛学校会聘请一个专门评价高中和大学的评价机构来评估安多佛的办学情况，最后出一份他们的报告，列出安多佛学校做得好的地方以及需要改进的地方。这种定期的评价非常重要，因为这样，安多佛学校才能够确定是不是在正确地培养学生，是否能够让学生有效地展开下一步的人生。

八、健全的管理体制

学校的管理层是学校的董事会（Board of Trustees），董事会的成员通常由对学校贡献最大的一些本校历届校友组成，定期召开会议，对学校的发展进行指导与监督，制定新的目标与方向，负责学校的治理。学校实行董事会管理下的校长责任制，下设一些教学和职能部门。学校行政管理人员主要负责管理学校和教师，这部分人员有些是教师背景，也有研究院的背景，全权负责教学内容和课堂教学。具体管理部门包括如下几个：

资源部：负责与社会各界的联络和沟通，包括与校友和家长等的联系，扩大学校的影响，负责筹集资金等。

招生部：负责每年的招生，学生的自主管理与奖学金管理。

行政部：负责艺术馆的管理和学校夏季项目的管理。

经营与人事部：负责学校的财务、人事、公共安全、科技与通信、食堂、捐赠、预算、资产管理等。

社区与多元文化发展部：负责美国少数人种学生以及亚洲、非洲、拉丁美洲等国际学生的多元文化管理，还有社区服务、性教育、学生文化组织等。

教师部：负责学校的教师和职工的招聘、工作安排、待遇、进修、交流访学等方面的管理。

学生与住宿部：分 5 个住宿区管理，负责学生的道德品行、健康、学生活动和俱乐部。

学习部：管理体育运动、性教育中心、大学顾问、国际学术合作、图书馆、博物馆、学生注册处、课程计划处、技术与通信、学业顾问、个人生活顾问、奖励、校外活动等部门。①

学校的管理机构如图 1－1－3 所示。

基于对美国名校安多佛学校的调研，我们可以发现这个拥有悠久历史的学校

① PA Offices & Services . http://www. andover. edu/Offices_Services/Pages/default. aspx. 2017－02－26.

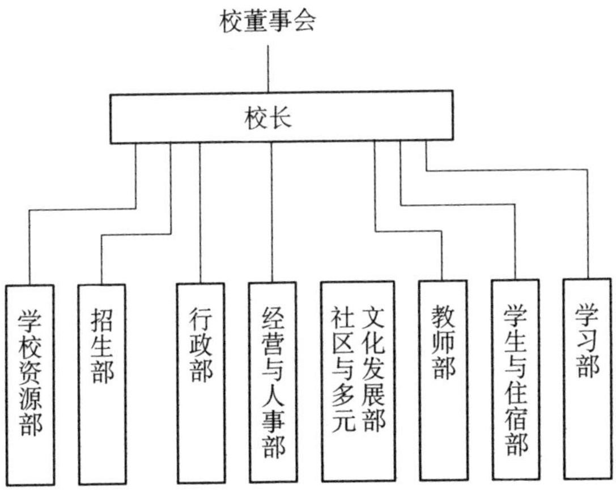

图 1－1－3　安多佛学校组织架构图

非常重视学生的个性化发展及独立思考能力，重视学生为他人服务的意识和责任感的培养。学校通过设置丰富的、挑战性的课程来提高学生的学术成就感，同时丰富多彩的课外活动也培养了学生的综合素质，使得学生不但学业优异，同时多才多艺。学校教师也给学生们提供课业和生活上的帮助，使其身心健康发展。独特的小班教学真正做到关注、尊重每一个学生的差异。最重要的是，学校教职员工所做的一切都能体现学校的办学理念和宗旨，即促进学生的个人成长，使其成为对社会、对他人有益的人。

第二章

重视学生的智力享受——英国威斯敏斯特学校人才培养模式分析

一、悠久的历史，鲜明的特色①

英国威斯敏斯特学校(Westminster School in UK)是一所非常古老的学校，它的历史可以追溯到1179年。当时是由威斯敏斯特教堂本笃会的僧侣在教皇亚历山大三世的要求下，创建的一所小型慈善学校。1540年本笃会修道院解散，英国国王亨利八世颁布法令使学校幸存下来。1560年，伊丽莎白一世授予学校皇家宪章，赞助学校，并使其一直延续至今。目前，学校已有四个多世纪历史。学校在历史上是一所男校，1967年接收第一个女学生，1973年女学生成为学校的正式成员。目前，学校是一所男女混合的私立学校。

威斯敏斯特学校是英国最好的私立中学之一，从17世纪起，学校知名度就不断提升。学校重视学术，尊重学生个性，教学成绩显著，是英国学术成绩最优秀的学校之一。在近年的英国中学A-level排名中都有不错的表现，在合校中更是高居榜首。学生的考试成绩一直保持一个较高的水平，GCSE

① 威斯敏斯特学校主页：http://www.westminster.org.uk/2017-02-27.

图 1-2-1 英国威斯敏斯特中学校园整体概貌图

取得 A 与 A+成绩的学生比率在 2003、2004、2005 年均为 91%,2008 年跃至 96%,2009、2011 年更是达到了 98%。A-level 成绩取得 A 与 A+的学生 2005 年比率为 85%,2008 年达到了 92%。

虽然威斯敏斯特学校在学术方面的成绩是极为优秀与卓越的,在排行榜上也一贯是处于靠前的位置,但学校远非是一个狭隘的学术型学校,对排行榜也是持极端谨慎、甚至怀疑的态度。学校有着丰富多彩的课外活动、广泛的运动项目和各类比赛,学生在音乐、戏剧和艺术方面的表现也很出众,学校组织了很多的音乐和戏剧活动。

学校培养出多位名人,历史上出过 7 位英国首相,很多著名的诗人、作家以及牛津大学和剑桥大学的校长、教授、英格兰银行的创始人、科学家、演员、歌星、音乐家等也都毕业于威斯敏斯特学校。文艺复兴时代的大剧作家本·琼森、建筑大师科里斯多佛·雷恩爵士、启蒙时代思想大师约翰·洛克、著名演员兼导演约翰·吉尔古德、现代小说家马丁·艾米斯等都是学校校友。“大本钟”(Big Ben)就是因学校的学生本杰明·豪尔(Benjamin Hall)而命名的。

学校招收13至18岁男女学生，但九至十一年级只招男生，预科阶段(Sixth Form)为男女混合教育，女生约占三分之一。目前在校学生总数大约有750人，四分之一的学生是寄宿的。在750名学生中，有36名寄宿生和96名走读生是女学生，她们是在通过GCSE考试之后，在预科阶段入学。

学校地理位置独特，坐落在威斯敏斯特大教堂和议会旁，有很多漂亮的建筑物。因此，学校跟大教堂有着密切的联系，所有的礼拜活动都会安排在教堂进行。学校教学楼并非密集在一片校园里，而是分散在中心校园周围的城市楼房中，因而每到课间，学生时常要跑步或走十多分钟的路穿梭于城市楼群中以到达下一堂课的教室，有点像大学的格局。学校设施完善，有艺术与科技中心、教堂、音乐厅、戏剧工作室、美术设施、体育馆、科技室、图书馆、音乐中心、科学实验室、网球场、剧院等等。集传统与创新、古老与现代为一体的威斯敏斯特学校，身处其中会令人有一种积极向上的朝气。

二、重视学生探究能力培养的办学理念

威斯敏斯特学校的时任校长史蒂芬·斯博尔(Stephen Spurr)博士指出：学校卓越的学术成就来源于“在日常学习活动中发展学生的知识探究能力和辩论能力，以及对远超于教学大纲知识探索的热情”。在学校充满挑战的教育模式下，学生的潜能得到最大程度的发挥。每年47%—50%的毕业生被牛津大学、剑桥大学录取，2002—2007学年，在英国各学校中，学校保持着牛津和剑桥的最高录取率，

仅在2005年就有77个学生考入牛津大学和剑桥大学，远高于平均水平。学生中，10%的毕业生考入美国常春藤盟校，其余学生则大多进入英国国内顶尖高校，如伦敦大学学院、伦敦政经学院、布里斯托大学及曼彻斯特大学。学校最受欢迎的专业有历史、经济学、PPE(政治、哲学及经济学)、管理、数学、语言及医学。学生能进入各地高校攻读各类专业，且成绩优异。

课堂之外，学生大部分时间用于参与音乐、戏剧、辩论和体育活动。同时，学生热衷于参与社区服务，学校与周边公立小学和中学都建立了密切的联系。在学术发展之外，学生的兴趣爱好各有不同，有的喜欢体育活动，有的喜欢辩论活动。其共同的特点在于，学生有很强的口头表达能力，自信，社会责任感强，并且都为进入大学和社会做好了充分的准备。学校邻近伦敦博物馆、美术馆、音乐厅和剧院等，学校本身与大学、商业界有着密切联系，这些都意味着学校教育已经远远超出了学校边界。这种“没有围墙”的教育形式，给了学生成长充分的自由空间。

由此可见，威斯敏斯特学校作为英国最重要、最优秀的学术中心之一，享誉在外的原因不仅在于学生优异的考试成绩和进入世界名校的毕业生数，更在于学生对学术探讨和辩论的享受，以及对远超于教学大纲的未知知识的探索热情。学生已经学会主动去寻找问题的答案，并在探究的过程中互相讨论辨析，这种学习能力和习惯会让学生们受益终身。

三、课内与课外并重的课程设置

威斯敏斯特学校为学生发展设置了丰富多彩的课程。简述如下：

(一) 全面而又合理的课程设置

GCSE(初中毕业文凭课程)有：英语、数学、生物、化学、物理、法语、德语、西班牙语、宗教研究、艺术、古典文明(包括拉丁语、希腊语)、信息通信技术、地理、历史、音乐、体育、PSHE(心理、社会、健康、经济)等。A-level(高中课程)有:英国文学、数学、高等数学、生物、化学、物理、艺术、艺术史、戏剧研究、经济学、历史、宗教研究、法语、德语、西班牙语、俄语、拉丁语、希腊语、音乐、地理、批判性思维、电子学、体育等。

为了平衡学生日常的学术生活,学校提供了种类丰富的校园活动,如艺术、戏剧、音乐、各种运动项目和比赛等。这些活动充实课余生活的同时,也注重培养学生各方面的能力,提高综合素养,让学生在这些校园活动中得到的锻炼,使其在大学及今后的工作生活中受益无穷。学校具体的课程设置如下:

所有学生在 9 年级时(Fifth Form)学习共同的课程,包括英语、数学、法语、历史、地理、艺术、音乐、宗教学、拉丁语和希腊语的古典结合、科学、电子工业、设计、信息技术、PSHE 项目。在学生学习的另外两年,10 年级(Lower Shell)和 11 年级(Upper Shell),学生们要准备 10 个或者 11 个 GCSE 或者 IGCSEs 科目,涉及课程有数学、英语语言、英语文学、法语和至少两门科学课程。另外,课程选择的系统是灵活的,在这个阶段,学生可以再次选择现代语言课程,如德语、西班牙语、俄语。学校鼓励学生选择一至两门包含实践部分的课程,如艺术、戏剧、电子工业、音乐、设计工艺、信息技术等。

在预科学习阶段(the Sixth Form),男女学生通常会上 4 门 A-level 或者大学预备课程。另外,在 12 年级,学生有一个可选择的计划,即课程不是直接为考试而开设的,而是为了拓宽课程知识点和学生的视野。在学年段,学生同样也可以参加体育、戏剧、音乐等活动。

(二) 充满激励和挑战的预科学习

在男女合校的预科学习阶段,学校提供了一个具有激励性和挑战性的学习环境。另外,借助于学校提供的体育、音乐、戏剧、辩论、社区服务和公民参与等其他形式的机会，学生在学术和社会交往方面都能得到很大提高。从学校发展历史上来看，威斯敏斯特是一所寄宿制学校，大约有 1/3 预科阶段的学生（男生和女生）是寄宿生。一些寄宿生来自很远的地方，但大部分还是伦敦人，这部分寄宿学生主要是想避免每天来回的苦差事。对于走读生来说，威斯敏斯特也不同于常规的学校，许多学生在放学后还会留下来，在图书馆学习，或者是参加学校组织的各类活动，如参加一个戏剧或音乐会的排练，或者是参加一个讲座。很多走读生也会加入寄宿生的早餐和晚餐。

对于国际文凭课程，学校的决定是保留 A-level 课程和采用一些剑桥大学预备教学大纲，两者在实施的过程中都允许个性化。大部分学生学习 4 门课程，这些课程能让学生把握知识点的宽度和深度，而选修的原则与威斯敏斯特培养学生才能和兴趣的传统相符。学校发现，这种纯粹智力上的享受是学生进入一流大学的重要因素。学校一些学术部门，现在也遵照剑桥大学预科的规格，比起同等意义的 A-level 教学大纲，它们更具有激励性，也使威斯敏斯特学生更好地意识到自己的潜能。

对于女学生在这一阶段的入学，大家意识到，学校中女生数如在 2012—2013 学年是 131 人，这与总数 750 人相比，还是很小的一部分。因此，女学生的入学将会更加具有竞争性。在预科阶段，大约有 1/3 的学生是女生，在教学团队中也有很多女教师。

在威斯敏斯特后两年的学习中，学校会给每位学生安排一位指导老师，定期召开会议讨论，给学生在未来科目学习和大学申请方面进行一些指导。学校舍监有时也会充当导师的角色，关心学生未来准备方面，并建议该阅读哪些资料等。另外，学生还会有一位专业方向的指导老师，避免两个学生同时申请同一所大学的同一个专业，并且会为学生的入学考试提供特别的帮助。

四、紧凑合理的教学安排

威斯敏斯特学生每天的学习是很紧凑的,但在学术课程和校园活动两方面进行了合理的安排,给学生留下了自主安排的空间。在威斯敏斯特典型的一天如下:

早上7点50分,开始供应早餐,走读学生来校。周一、周三、周五,课程在9点25分开始;周二、周四、周六因没有集会,课程从9点开始。下午14点,在周二、周四所有学生都要参加一个体育运动项目;16点10分,一天的课程结束,周一一般在16点25分结束;16点15分开始下午茶。晚上18点供应晚餐,走读生如果晚上有活动也可以留下加入晚餐;19点15分,寄宿生开始学习,在书房或者在图书馆均可;21点后是娱乐时间,但对大部分学生来说,正式学习时间的结束并不意味着一天学习的结束;22点返回房间,睡觉时间因学生年龄而异。

五、形式多样的校园活动

威斯敏斯特学校教育的本质并不是过分注重考试,而是更多考虑学生在纯学术领域之外各个领域的个人实践经验。为了与学术诉求达成平衡,学校提供了广泛的、不同形式的校园活动,体育运动、艺术、戏剧和音乐等都是重要的活动项目。在整学年中,学校安排了很多形式的交流和出行。另外,一些学生参加了一些年度项目,如PHAB(生理缺陷者和有才能者)以及一些与学校传统结合在一起的纪念活动等。

(一) 低年级学校活动(Lower School Activities)

教职工和校外导师组织了大量的活动,作为低年级学生日常活动项目的组成部分。学校鼓励学生参与活动，拓展学生的生活经验，培养学生的兴趣爱好。通常，每个学生每周都要参与两项低年级学校活动。如果学生在学校内外有其他特殊要求的义务要履行，学生可以选择一项活动。这些活动通常是在周一、周三、周五 16 点半到 18 点半进行，一些音乐社团成员在这些天的午饭时间碰面。

学校提供了大约 30 个不同的活动，学生可以自由选择，每项活动参与者大约有 3—20 个，分为学术型和非学术型两类项目。其中的一些运动还能够作为体育项目的延伸。目前可以选择的活动项目有：艺术、天文学、棋类游戏、国际象棋、合唱团、电脑/资讯科技、创意写作、辩论/演讲、戏剧/剧场研究、爱丁堡公爵奖励计划、电影/视频会、乐团/乐队、户外活动、哲学、摄影、滑雪、纺织、参观剧院、创业者实习、瑜伽、田径等。学校要求，一旦选择了某些活动，并达成了协议，学生就有义务在规定时期内坚持下来。在那之后，学生可以选择继续坚持这些活动或者改变其中之一或者两项活动都改变。一些低年级学校活动是季节性的，一些活动项目的改变是在学期与学期间进行的。活动计划的灵活性可以使学生在学期与学期间维持稳定的兴趣（如一门语言），或者是尝试新的项目，来发现自身新的潜能。

（二）预科阶段的学生活动

对于预科阶段的学生来说，学校提供的活动项目是多种多样的，如电影协会、辩论、模拟联合国（MUN），还有社区服务、参观小学等。

威斯敏斯特学校的课外活动：

1. 体育运动

Station 是威斯敏斯特学校用来描述体育运动的术语，一般在周二、周四下午和用来比赛和竞赛的周六进行。学校提供超过 25 项有着不一样特征的体育运动项目，学生可以根据自己的意愿自由选择，如羽毛球、篮球、划船、攀岩墙、板球、越野、击剑、健身训练、英式壁手球、足球、高尔夫球、曲棍球、武术、无挡板篮球、圆场棒球、赛艇、帆船、射击、壁球、游泳、网球等。没有一项特殊的运动是强制性的，尽管学生一旦在第一个学期做出选择，就必须至少在最初的两个学期执行下来。学生参与一些主要的竞技体育，如划船、足球或者是篮网球等，将要在两个下午进行练习。如果是其他的体育项目，可以在周二选择一项运动，在周四选择另一项运动。有些学生在学校的整个学习过程中都坚持同一个体育项目，但大部分学生会尝试不同的项目。

学校有一个射击场和墙手球场地，从庭院就可以进去。还有在文森特广场的运动场，新的体育运动中心提供了超过6000平方米的空间，可以进行大范围的运动项目，包括多功能的跳舞和瑜伽等有氧运动空间，一个划船训练套件，有围栏的滑雪道，室内板球网，篮球、蓝网球、五人足球、曲棍球、排球和羽毛球等场地，攀岩墙，柔道和乒乓球的区域。几乎所有的体育运动项目，都得益于专业教练，很多教练曾代表国家参加了国际性的比赛和竞赛，包括奥运会。

而在所有的体育项目中，通过参与活动或者是竞赛，学生不管是独立完成任务还是作为团队一员完成任务，学校都尽力给予其锻炼重要生活技能的机会。同样的，一些重要的品质，如尊重对方、礼貌、决心、主动性和交往技能都可以在与其他个人或者团队的竞争中得到发展。与此同时，学生还可以学会怎样成为一个“输得起的人”和“优秀的赢家”。学校所期望的是，在学生的学习生涯中，体育运动项目将会成为学生经历中最愉悦、最有收获的部分之一。

2. 音乐

音乐也是威斯敏斯特学校生活的重要组成部分，学校每周开设500多节音乐课，从管弦乐器到音乐技术等等。学校鼓励学生尽可能地学习和参与每周例行活动，包括彩排、朗诵、音乐会。许多世界著名的音乐家都是出自该校，如阿德里安·博尔特爵士、罗杰·诺林顿爵士、伊恩·博斯崔吉、乔治·本杰明、朱利安·安德森和安德鲁·劳埃德·韦伯爵士，以及流行歌星米卡等。

3. 戏剧

戏剧课程在每个学习阶段都有开设。从 9 年级开始是每周有课，学生可以在 GCSE 阶段选修戏剧（平均每班 26 个男孩），在 A-level 阶段选修“戏剧研究”课程（平均每班 9 个男孩和女孩）。然而，成功申请上戏剧学校的只是很少一部分学生，因为，大部分的“戏剧研究”课程都被认为是其他科目学习和职业选择范围内无价的辅助。在课程中，学生能够增强自信、沟通能力、表达能力和文化自觉等。

4. 艺术学习

艺术学习重点基于个人独立的严谨的观察，但也包括各种各样的想象力、审美和富有创造力的经验。借助于自我激励、个人发起的项目，由学生求知欲支撑，卓越的艺术学习成效才是可能的。所有的学生在 9 年级时学习艺术课程，大约有 40 个学生选修 GCSE 艺术课程，涉及学习时间表内和表外的。许多学生通过基础课程和学位课程后继续攻读艺术学校，建筑学课程对学生来说很受欢迎。

六、鼓励学生独立思考的小班化教学

威斯敏斯特学校的教学是富有灵性的。在普通中学教育的前三年中，班级规模为 15—20 名学生，但在后两年中，班级规模缩减到 6—12 名学生。在后两年的学习中，每个班级所学的每个科目都由不同的老师教授，借助于教师专业研究的不同领域，让学生学到许多种不同的学习方法，并且能够得到比 A-level 更高层次的、关于这个学科的更多不同领域的知识点。学生也常常被要求做更高标准的功课，来应对即将来临的 A-level 考试。

在课堂教学过程中，教师们有着共同的期望，鼓励学生独立思考、主动提问和辩论，充分展示自我，以促进学生思维的成长。学校很好地提供了针对统一考试的相关教学大纲，但既定的教学大纲并不能成为学生学习的“紧箍咒”，学校更为重视教学大纲之外的知识学习和问题探索。因此，当学生离开学校时，都能表现出见多识广、能言善辩等优秀品质。

学校有一个全职的学习技能协调者，指导学生安排自己的学习和修正技能。同样的，他也会指导有着阅读障碍和运动障碍学生的学习，通常是一对一辅导。比如，对于有阅读障碍的学生而言，这种学习技能指导是为了帮助他们，以他们自己最好的方式来应对阅读障碍，包括怎么更好地处理学习任务、记笔记、写小论文、完成阅读任务、复习等。指导老师不只是在某些特殊科目上辅导他们，而是在任何他们可能发生困难的特殊领域给予学习技能的辅导。并且学校也鼓励大部分有阅读障碍的学生使用文字处理器或者便携式电脑。

七、标准严格的招生

威斯敏斯特学校的学生来自五湖四海，拥有不同的文化背景。学生入学分为不同的时段：11 岁入学的学生通常是进入威斯敏斯特附属学校，主要是来自公立小学的学生，但也有来自私立小学六年级的学生。学生在威斯敏斯特附属学校学习两年后，在 13 岁时入读威斯敏斯特学校。绝大部分的男生是在 13 岁入学。入学测试有两种，一类是普通的入学考试，在每年 6 月举行；一类是威斯敏斯特奖学金测试，被称为“威斯敏斯特挑战”，在每年 5 月举行，通过测试的学生，才有入学资格。顾名思义，“威斯敏斯特挑战”这个项目富有挑战性，并且能够与那些没有参加这个挑战的人分享学术奖学金。这个挑战不仅仅是囊括了英语、地理、历史、数学、法语、科学、拉丁语以及希腊语的考试，还包括两个单独面试，一个是与校长的面试，另一个是和舍监老师的面试。面试不仅考核学生的学术能力，更强调学生的临场反应和口头表达能力等。相对于普通入学考试，这样的方式更为有趣，也更利于教师了解学生具备的优秀品质。

13 岁时进入威斯敏斯特的男孩有 120 名，大约有一半的学生是来自威斯敏斯特附属学校，剩下的大部分来自伦敦及周围各郡的预备学校。在公立小学就读的男孩，都建议其在 11 岁时转学至威斯敏斯特附属学校或者其他预备学校。对于 13 岁入学的学生，学校强烈建议这些学生在学校的第五个学年末（学生的 10 岁生日），即在开始第六年级之前注册登记。事实上，学生可以在出生时就注册登记。尽管注册登记的截止时间是在第六个学年末，但要注意的是，在 10 或 11 月测试之后，学校将分配所有空的入学名额。因此，对于在 11 月份之后注册登记和参加考试的学生，学校不能保证会有名额即刻分配，有竞争力的候选人不得不放在等待名单上。16 岁时，男女学生可以共同申请入学，测试安排在建议入学的前一年的 11 月份。

威斯敏斯特学校有特定的生源供应校，即威斯敏斯特附属学校，除此之外，还有其他公立小学和私立小学的学生进行申请，以及海外的申请者。对于海外学生的要求是年龄需在 16 岁及以上，并且在英国有亲属或可靠监护人。

宗教信仰方面，学校拥有根深蒂固的基督教传统，但也欢迎有不同宗教信仰的学生。

八、寄宿与走读兼具的学生管理

威斯敏斯特学校一直是一所寄宿制学校。现在大约有 1/4 的学生寄宿，这就意味着这是一个有着大约 180 个男女学生的热闹的寄宿社区。大部分寄宿生会在周末的时候回家，但也有少部分年长的学生会选择留在学校。学校有着完整的支持系统，配有男女舍监，寄宿条件非常完备，寄宿生可以得到极为周全的照顾。寄宿制管理的优势如下：

1. 学生生活轻松、愉快，能够有大部分时间和朋友在一起。

2. 学生能够充分参与学校扩展的晚间项目，如音乐会、戏剧、演讲等。

3. 在体育中心和音乐中心经常有晚间活动。

4. 每天晚上，从 7 点 15 分到 9 点，学生有统一的时间用来准备功课，同时还有舍监和导师的指导。

5. 学生可以在周末回家，或者因特殊的情况回家，如家人生日或宗教节日。

九、学校特色项目：公民参与计划

威斯敏斯特学校有一项公民参与计划，是培养良好公民的重要的教育组成部分，学校期望学生在校学习期间，能够至少参与一项有益的项目。学校鼓励学生走出校园，通过参与一系列设计好的项目和活动，超越学术发展界限。这个项目有三项内容：志愿者、募集慈善基金、其他外联项目和计划。截至 2015 年学校的公民参与计划已经进行到第三年，截止到 2012 年，超过 300 名学生已经加入了志愿者计划。威斯敏斯特社区活动现在已经与学校文化融合在了一起。

综上可知，作为一所学术突出、全面发展的优质私立学校，威斯敏斯特学校在英国享有很高声誉，其办学的价值追求、办学理念以及诸多做法均有不少值得我国知名中学借鉴之处。

第三章

绅士文化，领袖摇篮——英国伊顿公学人才培养模式分析

一、历史悠久、名人辈出的贵族学校[①]

伊顿公学(Eton College)坐落在伦敦的温莎小镇，是英国乃至全世界最著名的贵族中学。地处白金汉郡的泰晤士河河畔，与温莎宫隔岸相望。伊顿公学是一座古老的学府，由亨利六世(Henry VI)于1440年创办，至今已有570多年的历史。这所学校名为"公学"，实际上是一所私立中等学校。伊顿公学以"精英摇篮"、"绅士文化"闻名世界，深受英国王室的青睐，也素以管理严格著称，学生成绩大都十分优异，被公认是英国最好的中学，是英国王室、政界经济界精英的培训之地。这里曾造就出20位英国首相、36位得过维多利亚十字勋章(英国最高荣誉的英勇奖章)的达官贵人，培养出英国海军名将威灵顿公爵、诗人雪莱、经济学家凯恩斯，也是英国王子威廉和哈里的母校。伊顿公学这个名字数百年来一直是"特权"的同义词，是一个盛产英国精英的地方。伊顿公学每年250名左右的毕业生中，70余名进入牛津大学、剑桥大学，共70%进入世界名校。

---

① 赵国柱. 伊顿公学的精英教育[J]. 世界文化，2013(3)：48.

图 1-3-1 伊顿公学校园一瞥

作为世界上最著名的中学之一，在五个世纪有余的发展历程中，伊顿公学一直以其厚重的历史、良好的学生精神面貌、著名的校友“牛人榜”享誉全球，但也因“贵族学校”的名号而饱受争议。不可否认的是，伊顿公学高水平的学术能力、先进的教育理念都凸显了其教育的独特性，伊顿公学的办学有其自身魅力所在。

1440 年，英国国王亨利六世参照温切斯特公学的建制创办了伊顿公学。招收的学生主要为伊顿所在教区的男孩，唱诗班成员则享有优先权。伊顿公学是英国历史上第一所由国王创办的学校，长期以来被视作“九大公学”之首，在英国公学教育体系中享有十分特殊的地位。它的创建、发展和多项计划的制定都得到了亨利六世无微不至的关怀。按照亨利六世制定的办学章程，伊顿公学的基本编制包括一名董事会主席、七十名贫穷学生、十名牧师董事、十六名执事、十六名唱诗班男童歌手、一名教师、一名助理教师以及十三名贫穷体弱者。1441 年，伊顿公学开始招生，形成了最初的规模。除了贫寒的资助生外，学校也招收少量来自权贵家庭的自费生。前者住在学校的宿舍中，自费生则住在学校附近舒适的公寓里。17世纪后，伊顿公学在保持七十名资助生的同时，逐渐开始增加自费生的招生人数——1700年为280名，1800年为430名，1890年为930名，1985年则达到1200名，之后人数基本稳定下来。

可见，伊顿公学办学之初，旨在为贫困学子提供免费教育。到17世纪，因贵族子弟争相入学，从而使学校逐渐演变为一所等级森严的贵族学校。随后，富家子弟也开始竞争入学名额，那些资质不高的学生，只因能支付得起高额的学费，就能享受高质量的教育；而寒门的优秀学子，却因交不起学费而被排除在外。随着社会发展的现代化进程，教育民主化观念深入人心，学校传统的人才培养模式与现代教育发展的要求格格不入，学校发展面临着转型。在改革中，伊顿公学在教育上注入了新的内容，办学理念也从培养旧式贵族转变为培养精英人才；招生方面，不问出身只论才华，弱化等级观念，强调开放，即生源不只面向王室和富裕阶层的孩子，而是面向全世界最聪明的孩子。这也是21世纪伊顿公学教育发展的主要方向，虽然学校仍旧带着贵族气息，但已经走在逐步“平民化”的改革之路上，从打造英国的精英，努力发展成为世界精英的摇篮。

二、“为每个学生提供个性化教育”办学理念

“不追逐学术第一”是伊顿公学的教育追求。这一教育思想体现了伊顿公学将学生对教学大纲知识的掌握视为基础，但不是重心，重点强调的是学生能力的培养和人格的完善。学校将“独立”、“个性”、“友爱”、“忠诚”、“尊严”、“勇敢”“传统”、“绅士”、“幽默”、“使命感”十种基本素养作为人格教育的基石，这十个关键词，是伊顿公学的经典法则，也体现着伊顿公学精神。塑造完美人格，是伊顿公学

的办学特色所在。

伊顿公学最初的办学理念是让最聪明的学生受到最好的教育。建校至今，教育理念得到进一步的发展，“最好的教育”也是全面发展的教育，同时注重学生的个性发展，重视挖掘学生的潜力。伊顿公学立志“为学校的每一个男孩提供尽可能个性化的教育”。

为了实现上述理念和目标，学校在如下几个方面做出努力：①

1. 为 13—18 岁的儿童提供高质量的寄宿制教育。

2. 将有着不同的兴趣和教育经历、不同地区和国家背景的学生聚合到一起。无论学生的家庭状况如何，在学习的过程中，都可以凭能力获取奖学金等资源。

3. 学校为学生提供挑战与机会，学生可以从舍监、宿舍区的其他人，以及作为指导者的教师那儿获得帮助，并且在有需要的时候得到专家的服务。

4. 提供学术性课程，通过一个训练有素的方法，帮助学生获取知识和技能，引发学生的兴趣和好奇，以使他们能够适应大学，从而获得有意义的生活。

5. 提供游戏课程，给每个学生常规的练习以及发展自己技能的机会，让学生体验竞争和团队合作的职责任务，并且为学有余力的学生提供更多的机会，使他们达到更高的水平。

6. 提供文化、艺术、闲暇活动等各种课程，以提高不同学生的技能和自信心，丰富学生的学校生活，激发学生生活的热情。

7. 不仅要培养学生独立做事的能力，而且要让他们意识到相互合作的重要性。为学生提供一定的私人空间，有助于培养学生的独立性。

8. 要求学生在行为上要富有责任、谦逊、正直的品质，并且认识到大方、富有

① Eton Aims. http://www.etoncollege.com/EtonsAims.aspx? nid=7228fed0-c26f-4dd6-ae1d-db79bdcac748. 2016-03-05.

同情心和公正同样重要。

9. 帮助学生确立自己的信心和信仰，并且教育他们要有尊严地生活在世界上，而不是“做一天和尚撞一天钟”。

10. 任命高质量的教师，并给予他们施展抱负的机会。

11. 持续为教学提供高标准的条件和资源，让学生和教师在伊顿公学人尽其才。

三、多元均衡的课程体系

（一）重视基础与兴趣的课程设置①

伊顿公学课程设置不仅具有基础性、先进性，而且具有多元性、均衡性，传统性和现代性得到完美的结合。

学校按照 5 个分区进行教学，由低到高分别为 F 区、E 区、D 区、C 区和 B 区。一般来说，学生在每个分区里学习一年，次年 9 月升入高一级分区，每年分春、夏、秋三个学期，每周 35 节课。其中 F－D 区称为普通年级（Non-specialist year），C 区和 B 区称为专家型年级（Specialist year）。②

在普通年级，学生们学习打基础的课程，接触不同学科，发现自己感兴趣的、对自己人生具有重大意义的学科。第一年 F 区，学生们会学习英语、数学、法语、拉丁语、神学、体育、音乐、电脑、戏剧、设计、手工和艺术，并在希腊语和历史中任选一门课程学习。第二年 E 区，继续学习 F 区的课程，但增加了地理课。所有的

---

① 张婷. 英国伊顿公学如何做到优质教学[J]. 教书育人・校长参考，2008(3)：57.
② 赵国柱. 伊顿公学的精英教育[J]. 世界文化，2013(3)：49.

学生都要学习历史，并进行法语和拉丁语的 GCSE 考试。第三年 D 区，学生继续学习英语、英语文学、数学，并从生物、化学、物理中任选一门学习，在德语、俄语、西班牙语、日语中任选一门学习，学生必修神学、历史、地理、文化设计、英语写作、艺术、音乐、戏剧、法语、拉丁语、希腊语。在 D 区学生要考虑自己在下一学年的特殊课程，并在夏季学期一开始就聘请一位导师作为自己的专家型年级指导教师。衡量前三个分区学业成绩的一个重要指标是学生能否在涵盖所学科目的普通中等教育证书（GCSE）考试中取得较高的分数。只有在至少 5 门科目的 GCSE 考试中取得 B 至 A^+ 的成绩，他们才有资格升入 C 区成为专业学生，依照自己的兴趣和天分选择相应的科目继续深造。

最后两个年级在伊顿公学被称为专家型年级。在这两个年级，学生的课程数量会减少，主要学习自己感兴趣的学科，开始考虑自己大学所学专业，并为以后的工作做准备。在 C 区（the Lower Sixth），所有学生上至少 4 门的 AS（中学准高级水平考试）水平考试科目，而宗教、哲学、伦理学是必学但不考试的科目，学习的目的主要是鼓励学生多思考。在 C 区可供学生选择的科目有：英语文学、数学、高级数学、生物、化学、物理、古代历史、拉丁语、俄语、西班牙语、希腊语、阿拉伯语、中文、法语、德语、意大利语、葡萄牙语、早期现代历史、中世纪历史、艺术的历史、地理、经济、政治、政府与政治、艺术、戏剧、设计、音乐、技术等。在 B 区（the upper sixth），学生学习的课程与 C 区基本一致，只是学生们需要准备申请大学的申请书。经过两年的专业学习，大多数伊顿学子都能对未来的学习专业做出明晰的规划，同时在专业性、实用性和创造性方面达到牛津大学、剑桥大学等英国一流高校所注重的全面考核的标准。

从上可以看出，伊顿公学的课程设置体现了三方面的特点：其一，学校学术课程设置全面，尤其是在普通年级阶段，通过涉及各个领域的学科，让学生掌握广博的知识，拓宽学生视野，也为后两年的学习奠定基础。其二，从普通年级课程到

GCSE、AS Level 到 A-level 课程，学生都可以从大量课程菜单中根据自己的爱好和特长自由选择，每一个学生的课程表，都是一系列课程的个性化组合，为学生的个性发展提供了重要支撑。其三，在伊顿公学学习的五年，并不是接受“平均化”的教育，学校根据学生成长的特点，进行了很好的分层。前三年作为基础学习阶段，旨在让学生在大范围的学习中，自己发现学习的兴趣点和以后可能的发展方向；后两年作为专业学习阶段，在学生确定了兴趣点后，旨在通过选修特定的课程，培养学生的专业素养和技能。

伊顿公学强调学生的独立学习，同时也为学生配备了相应的导师，有时舍监会亲自担当导师。不同学习阶段的导师，其职责重心也不同。在普通年级阶段的导师，职责在于督促学生学业，协助学生规划日常的学习与活动，逐步指导学生养成独立学习的习惯，有计划地提高学生在社会、道德、卫生等层面的意识，培养学生良好的气质和文化修养。在专家型年级阶段的导师，其职责在于为即将到来的 A-level 考试（中学高级水平考试）提供专业指导，为学生申请大学和未来的职业方向提供建议等。

（二）学术与活动相结合的课程安排[①][②]

在伊顿公学的课程表中，学生有大量自由活动的时间，并非一天到晚都上课。学生们的一天从早上 7:30 吃早饭开始，接下来要到教堂做礼拜或去上 9:00 开始的第一节课。伊顿公学的每节课为 40 分钟，在早上上完三节课后学生有一个可以吃点心的早休时间，接下来两节或三节课后学生会吃午餐，然后在 13:15 左右，体育活动和其他活动就开始了。之后孩子们回到宿舍洗澡、喝茶。如果是星期一、三、五下午，会有两节课，如果是二、四、六下午则没有课，这期间学生们可参加

---

① 张婷. 英国伊顿公学如何做到优质教学[J]. 教书育人·校长参考，2008(3)：58.

② The Eton Day. http://www.etoncollege.com/academic_structure.aspx. 2017－03－01.

各种运动项目和比赛。在18:15—19:30，学生们会回到自己的房间进行独立学习或者和导师谈话，这段时间被称为“安静期”(quiet hour)。傍晚时，学校有各种类型的社交性集会、音乐会、戏剧和其他活动，学生们可以充分利用学校的资源学习技能。晚上睡觉的时间在21:30，高年级的学生可以延长半个小时。如表1-3-1所示：①

表1-3-1　伊顿公学学生一周课程安排

星期一	星期二	星期三	星期四	星期五	星期六
祷告/集会	1	祷告/集会	1	祷告/集会	祷告/集会
1	2	1	2	1	1
2	3	2	3	2	2
3	4	3	4	3	3
4	5	4	5	4	4
5	6	5	6	5	5
午餐时间	午餐时间	午餐时间	午餐时间	午餐时间	午餐时间
活动/运动	活动/运动	活动/运动	活动/运动	活动/运动	活动/运动
6	活动/运动	6	活动/运动	6	活动/运动
7	活动/运动	7	活动/运动	7	活动/运动
安静时间	安静时间	安静时间	安静时间	安静时间	自由安排

从课程安排表中我们可以看出，学术课程和课外活动进行了很好地结合，且学生自我锻炼和活动的时间很充裕，学生并非只是埋首于学业。学生可以充分利用课外活动的时间培养和发展自己的兴趣，同时在课外活动中获得的经验和品格也可以促进课程的高效学习，二者是相互促进的关系。

① 林莉.英国顶尖私立男校——伊顿公学[J].浙江教育科学，2009(1)：47—50.

四、体育与音乐凸显的校园活动

除了文化学科的课程之外，学生在校要参加各类课外和校外活动和社团活动，尤其是音乐和体育方面的活动，更是伊顿公学的特色。学生参加的运动项目包括橄榄球、马球、赛艇、击剑、柔道在内，多达30余种，而音乐课程更涵盖了10多种乐器课。

（一）音乐教育

自十九世纪以来，学校就开始进行非常严格的音乐专业教育。学校音乐设备精良，音乐系拥有世界上最新的乐器和设备。从事音乐教育的教师也非常专业，学校聘请的音乐教师来自英国各地，有一些特聘的教授甚至是音乐家。音乐课的教学多数是一对一辅导，一个老师教导一个学生。所以伊顿公学的学生学习音乐有着得天独厚的条件，音乐特长生可申请减免部分课程的学习，以便有更多的练习时间。

（二）体育特色①

体育锻炼是伊顿学生日常生活中不可缺少的部分。学校有丰富的体育资源，如健身房、体育馆，还有巨大的足球场。学校运动种类繁多，单就球类运动而言，就有网球、曲棍球、冰球、板球、高尔夫球、乒乓球、篮球，当然还有足球等。室内运动有举重、武术、击剑、瑜伽等，甚至还有杂技。水上运动有游泳、水球、划船，学校拥有一个大型的划船基地，伊顿划船赛是伊顿公学的一项标志性活动。每年6月4日是伊顿公学的校庆日，这一天，清逸潇洒的青少年穿上黑色燕尾服，胸前衣领饰孔上缀着蓝色康乃馨或牡丹，优雅地引领父母检阅学生学习成绩展，然后观看

① 友友. 伊顿公学和精英教育[M]. 北京：电子工业出版社，2011：154.

伊顿船队在泰晤士河上游行的壮观景致。这个从 1793 年便有记录的船队游行通常在清晨阳光升起时开始。每艘船上坐着 8 个身穿白裤、条纹衬衫，头戴缀满玫瑰或紫丁香帽子的少年，在“伊顿船歌”的伴随下，缓缓划行，成为校庆日的一道壮丽景观。参加该校校庆的常常还有众多的议员、公爵以及知名校友，有时女王、亲王、王子们也来参加盛典。

按照伊顿公学规定，每个“伊顿人”应选择一项运动作为自己的主项，但同时也必须参加其他活动。只有当学生确实展示了某种特长——在某个专项上出类拔萃、足以给公学争得荣誉时，才能破例只进行一个项目的专业训练。体育课的成绩不直接以考试的方式获得，而是由体育老师根据学生在运动中的表现给出，它与其他成绩一起是这个学生将来升入大学的一个重要参照。

伊顿公学还有几项独创的运动，比如“伊顿五人”(The Fives)、“田野游戏”(Field Game)和“墙赛”(Wall Game)。“伊顿五人”是一种 2—5 人的比赛，犹如一种壁球，但没有球拍，每个人戴一种特制的手套，拍球上墙，待球反弹回来后，再由对方球员续拍，直到一方接不住球时失分。“田野游戏”是 11 人对 11 人的比赛，双方猛扑对方的球门(样子类似足球球门，但较小，基本上与曲棍球门类似)，踢进门得 2 分，带球冲到底得 5 分，整个场面粗野而刺激。“墙赛”是伊顿公学独创的最有名、也最怪诞的比赛，首先，要挑出一个最为弱小的同学，由他持球，并且命令他抱球紧贴在那个“有名的墙壁”，此墙 100 米长，它因这项运动而著名。然后，两组各 11 个人组成的“球队”，开始推、挤、争、抢，尽力把持球人推向一个方向，每队有“踢球者”，他要寻找一切机会要把球从那个最小的小男孩手中夺走，踢向一棵白旗后面的小树，踢到时就得 1 分。这个比赛的难度，在于“球员”们的身体不得离开那堵墙，所有争夺推搡都必须紧贴在墙上进行。经常看到的场面是 22 人挤成一大堆，互相拼命践踏、厮打，根本看不见球。这项运动虽带有些暴力，但还是作为传统的一部分继续保留下来。

从学校众多的体育项目和活动安排可以看出伊顿公学崇尚体育，并很好地保留了传统体育项目的特色，结合学生的生理和心理特点，对各项活动和比赛进行了合理的安排。当然，学校对体育的重视，也有着相应的教育目的——一是培养学生健康的体魄，达到体育强身的目的；二是完善学生个性，培养学生自信心和进取心，并将其迁移至课程学习中；三是在活动中培养学生的团队协作能力等综合素养，发展学生的领导气质。

（三）社团活动

伊顿公学课余生活多以社团形式开展，社团主要是学生根据自己兴趣自由结社。现在学生自己组织管理了 50 多个社团，可满足多种兴趣。每天下午放学以后，是学生进行社团活动的时间。晚上 8 点，则是各种各样的社团活动表演或展示的时间。学生的表演水平很高，甚至可以与专业演员媲美。有些社团经常邀请一些名人来演讲，在众多的社团讲座中，学生们可以自由选择参加。伊顿有着世界闻名的童声合唱团，它可以与闻名遐迩的维也纳童声合唱团比肩；由在校学生组成的极为专业的乐队——“伊顿乐团”、伊顿合唱团，每年都要在世界各地巡回演出，受到专家赞誉；由学生自己组成的各类“剧团”，表演话剧、喜剧、哑剧、莎剧等等；有各年级举办的艺术展，展出的都是学生自己的作品，如绘画、雕塑、装置等。

正是在丰富的社团活动中，学生平衡校内的学术学习和完整的生活方式，也正是在社团活动中，学生的领导能力、合作意识、交流与沟通能力等综合素质得以更好地发展。

五、富有弹性的教学安排

伊顿公学的高品质教学，有着三个鲜明的特点：

（一）重视习惯和艺术养成的教学哲学

伊顿公学崇尚“自由教学”、“学分，不是最重要的教学目的”。伊顿公学的授课方式比较灵活，学校鼓励教师采取多种授课方式，教师们会根据学生不同的能力和需要采取不同的风格。同时，学校鼓励学生主动向导师提出问题，让学生将学到的知识在生活中运用。五个多世纪以来，伊顿公学对教育进行了多方面的改革，但学校教育的本质没有变。早在19世纪中期，当时的伊顿公学校长威廉·约翰逊·科里（William Johnson Cory）曾经对学生们说：“进一所好学校最需要学到的不是知识，而是习惯和艺术——专心致志的习惯，重视细微差别的习惯，准时完成工作的习惯，表达意见的艺术，在一瞬间注意到一项新的学术动向的艺术，迅速了解他人思想的艺术。”[①]正如爱因斯坦所提到的“什么是教育”的问题，“如果你忘记了在学校里学到的一切，那么留下来的就是教育”。威廉·约翰逊·科里校长所强调的是，在学校花大量时间获得的知识很容易遗忘，而留下来的“习惯与艺术”，是学生在学习过程中所体验到的、溶于“血液”的，这部分才是对学生终身发展真正有效的。伊顿公学致力于使这些“习惯和艺术”最大限度地影响学生，改变学生的行为，并使之成为学生品质的一部分。

（二）校本化的教材

英国没有全国统一的教材，许多公司专门为通过全国统考而设计成套的教材。伊顿公学“考试委员会”挑选教材的标准在于不仅仅要让学生通过考试，而且要尽可能多地教给学生知识，培养他们独立思考的能力。在确定一套教材后，各系主任根据教材制订出自己本科详尽的教学计划（教学日程）。每年9月1日，学校将教学计划和教材发到每一个教师和学生手中。由于教科书的内容过于简单，教师只用半年的时间来讲授，另外半年，由系主任自己选择增添其他教材。学生

---

① William Cory. Eton history. http://www.etoncollege.com/william_cory.aspx. 2017-03-01.

拿到教学计划后，不是盲从教师的时间表，而是根据自己的长项与弱项，自己调整学习计划，自主地安排时间。

（三）“分班制”的教学法①

提到伊顿公学的教学秘诀，不得不提分班制。进入伊顿公学的学生都是尖子生，但是每个学生的天分、侧重、爱好有很大不同。学校会根据每个学生的入学成绩，在英语、数学、法文等不同的科目中，按照学生的水平划分出 14 个等级，较小的学科可以相应减少等级。每个等级对应设计不同的教学方法，老师要仔细研究学生在每个科目上的强弱，然后决定学生在某个科目上该编入哪个班。它与笼统的快慢班不同，一个学生不是被笼统地归在快或慢的班里，而是每一科在不同等级的班级里。

入了“第一班”的学生，通常在这个科目上具有超强的天分和能力，老师对这些学生基本上放手不管，重点培养他们的自学能力和独立思考能力。分入“低班”的学生，因为在这个科目上天赋和能力相对较弱，老师在课堂上不仅要慢、要细，还要一对一地进行个别辅导，及时加以鼓励，这样学生才不会因为被划入“低班”而自暴自弃。

当然，在伊顿公学不会有任何一个学生所有的学科都被划入“低班”，否则他根本进不了伊顿。他们经常是在这一科目上被划入“低班”，但在其他科目上却被划入“一班”，其间的差异恰好反映了他们自身的优势和不足，从而产生“向自己看齐”，让自己“全面优秀”的动力。且分班制不是一成不变的，除“一班”外，每班在每次考试中的前几名，都会升入更高班。随着班级等级的提升，教师教育方式也渐渐放松，直到学生完全掌握自我教育的能力。

---

① 王小欢. 伊顿公学，忌谈“贵族”的贵族教育[J]. 东西南北，2011(3)：48.

六、严格而又人文的学生管理

伊顿公学的学生管理既强调对学生的严格管教，又强调对学生的人文关怀。

（一）招生管理①

伊顿公学招收的学生，都是13至18岁的男孩子，从中学读到大学预科为止。学费贵得惊人，每年近万英镑（不包括食宿费）。据说，英国每400名男孩中，有1名能进入一般的公学读书，而要进入伊顿公学，每1500名男孩中才有1人。每年报考伊顿公学的学生大约1000余名，通过严格考试和面试后，正式录取的只有250多人。

学校的入学制度发生了很大变化。1960年以前，英国有些名门望族，为了让子弟能进入伊顿公学读书，当男孩出生领得“出生证”时，即刻向该校报名，12岁后就凭此入学。为了保证尽量公平，伊顿公学对学生入学手续做了一些改革，在学生们10—11岁时还要通过一个选拔性考试，家族身份仍需考虑，但已不作为入学的主要因素了。之后，学校又加大了改革力度，想要入学的学生必须在10岁半前在伊顿公学登记，在适当时候，学校会通知父母在指定日子里把孩子带来进行面试以及长达1小时的能力倾向测验。录取原则是学识教养出类拔萃，而富有、地位高则不再是伊顿的入学标准。

学生报考伊顿也是有条件的，私立小学的优秀学生是其主要生源。私立小学与伊顿公学一样，也是条件好、学费昂贵，中产阶级家庭少有问津。其次是公立小学成绩特别突出的学生，校方也会给予报考私立中学的建议。当然海外学生也能报考伊顿公学，但大都拥有殷实的家庭背景，比如父母是商、政界的名流等。

---

① 林存华、邹扬. 走进伊顿公学的学生管理[J]. 中小学管理，2005(7)：56.

(二) 学习管理

伊顿公学的奖学金分为两种:“国王奖学金”(简称 KS)和“欧彼德奖学金”(简称 OS)。国王奖学金获得者可免 5 年学费,每年级 14 名,全校有 70 名。每年入学的新生中,只有得到私立小学校长推荐的 100 人有资格参加竞争。获得国王奖学金的男孩不仅获得一件潇洒的披风,还有其他高人一等的待遇:搬出普通宿舍楼,住进学校中心庭院的“老校舍”,在专用餐厅就餐,据说,那里有些食谱,沿用的是 16 世纪宫廷的烹调方式。如果说国王奖学金代表着入学时的佼佼者,欧彼德奖学金则标志着在伊顿公学竞争中的优胜者。欧彼德奖学金年年颁发,3 种情况可以获得:一是,已获得国王奖学金,但不喜欢在“金丝雀笼子”生活的学生,可以申请自动转换成欧彼德奖学金,搬回到原来的宿舍楼;二是,每年全校各项考试中成绩最优秀的 13 名学生可获得“卓越者”荣誉,连续 3 次或累积 4 次成为“卓越者”,可以获得欧彼德奖学金;三是,由于某种特长,校长特别授予欧彼德奖学金。这是一种纯粹的学术荣誉,没有奖金,也没有披风。[①]

伊顿公学设立了一个 5000 万英镑的基金,为三分之一的学生提供学费补助。英国媒体认为,这个计划将很可能改变这所老牌私立学校的学生构成,伊顿公学希望借此计划拓宽学生的来源。伊顿公学的这个助学金计划可谓是英国私立学校系统最大的助学金计划之一。“我们的目的是让更多的人能够受益于伊顿公学提供的教育。”伊顿公学曾任校长托尼·利特认为,“这笔基金将为三分之一的学生提供某种程度的学费资助。我希望能达到‘英国读书贵但在伊顿就不费钱’的目标。”目前,伊顿公学共有 13%的学生接受了基于家庭经济条件的助学金,资助金额占学费的一半。伊顿同时还有一个 1 年资助 5 名预备学校学生的计划,设 5 种奖学金奖励公立学校中 10 岁的优秀男生,这些孩子可以免费在预科学校学习 3

---

① 易铭. 伊顿公学[J]. 教师博览,2009(3): 63.

年，之后进入伊顿公学。①

当然，伊顿公学也有调皮的学生。一般而言，只要学生的调皮捣蛋不伤害他人，老师还是相当宽容的。一旦有学生超出这个范围，等待着他们的就是校方不到万不得已不出手的三张王牌，一旦出手，就会让学生毕生难忘。不做作业或晚交作业，或者上课捣乱的，会被列入“黄表”，必须连着三天到五天早上七点半起床，到校长办公室签名报到。违纪相对严重的，会被舍监列入“黑名单”，必须到校长办公室检讨自己的过失，挨上一顿批评。最严厉的惩罚当属“白票”，必须连续5天每节课后请老师签名，同时，还要向舍监汇报当天作业完成的情况。虽然伊顿公学废除了体罚，但连续五天的“折磨”也非一般人能够承受。②

(三) 生活管理③

作为寄宿制私立男校，宿导制在伊顿公学有着数百年的历史。学校宿舍几经扩建，现有25幢学生舍馆，其中除70名国王奖学金获得者统一居住学校中心的学院楼外，其他24幢舍馆容量均为50人左右。每个学生都有自己独立的卧室，其他设施配套齐全，学校管教素以严格见称。

每座舍馆由一位舍监在1名嬷嬷及助理、1位全职内勤协助下管理，同时还有1名副舍监和两名舍监助理协助其工作。包括学校楼在内的一半舍馆有自己的餐厅，另一半舍馆则在统一的贝肯顿楼就餐，除正餐外，餐厅均提供上午及下午茶点，一些舍馆甚至允许学生自制茶点。舍监类似我国的班主任，是学校和家长之间的主要联系人。为了帮助学生尽快地适应集体生活，伊顿公学采取的另一个措施就是把孩子尽可能地安排给合适的舍监。因为舍监相当于学生在伊顿公学的

① 卧松．5000万英镑助伊顿公学平民化[J]．教书育人，2006(9)：13.

② 友友．伊顿公学和精英教育[M]．北京：电子工业出版社，2011：120.

③ 林莉．英国顶尖私立男校——伊顿公学[J]．浙江教育科学，2009(2)：49—50．林存华，邹扬．走进伊顿公学的学生管理[J]．中小学管理，2005(7)：56.

衣食父母，而所谓的“合适”，主要来自学校和家长的磨合。舍监会分别与学生和家长见面、喝茶、谈话，详细了解对方的情况。之后，家长和舍监会各自列出自己想要的老师和学生，学校仔细研究这两份名单后，会从中找出最佳组合，最大限度地满足家长和老师的要求。

从获得预试学额开始，学生就被分派到各舍馆，由家长与舍馆签订入学协议。正式入学伊始，每名学生会被指派一名导师，舍监本人也担任导师一职。导师一般任期 3 年，学生升入 C 年级，则由自己重新选择导师。在伊顿，导师制既是师生之间密切交往的纽带，也为不同舍馆间的学生创造了交往的机会，除个别交谈指导外，导师还经常带学生出校去剧院、参加音乐会。在低年级，导师通常更关注学生的个性、社会和健康，而高年级导师则更注重学生就业和升学指导。

每个在伊顿公学读书的学生都有自己的自修室，这是他们的私人领域。他们可以在舍监允许的范围内随意布置这块属于自己的空间，可以在这里接待自己最要好的朋友，也可以在此单独享受宁静的时光。每座舍馆就是一个集体，学生从 F 年级到 B 年级每年级 10 人，除了上课之外，起居、餐厅、体育、娱乐活动（如戏剧、辩论赛等），都以宿舍楼为单位。高年级学生担任楼长、体育组长，负责组织这类活动。由于各舍舍规自定，文体与学习活动自己组织，每座舍馆也各具个性。

宿舍戏剧赛是经典舍馆文艺活动，每年有 10—12 场宿舍剧在校剧场或工作室演出。在学生 5 年学习时间里，每个舍馆都会演出至少一场。与学校剧相比，它旨在吸引更多的同舍男孩参加，因而角色和后台人员也更多，预算往往也更大。学生组织，成人仅负责指导。每年春季期有全校性的宿舍剧赛，设定的表演时间不超过 30 分钟。决赛由校外专业人士任评委，并颁发奖品。值得一提的是，传统寄宿制下的体罚、高年级学生对低年级学生的捉弄，都已被彻底废止。

伊顿公学的作息是严格而有规律的，学生每天早晨 7 点半起床，周日可延长到 8 点，洗漱吃完早饭，离 8:40 还有大约 20 分钟的时间，学生们要整理床铺和房间，阅读信件，预习上午的三门课程，如果有必要的话，还要拜访一下舍监和女爵士。9 点到 11:20 共上三节课，然后学生回到宿舍吃点午前茶点，预习一下中午要上的两门课，11:45 接着上课，一直到 13:15，从 13:25 开始吃正餐。下午是学生的自由活动时间，晚餐 19:40 开始，紧接着是晚间祈祷，然后学生们整理房间，预习第二天的功课，洗澡，这段时间舍监或女爵士还有可能过来和他们聊聊。21:30 宿舍楼熄灯。

（四）伊顿等级①

每一年每一级，学校都会选出 3 到 4 个最佳的学生充当学生的代表。在伊顿公学的第五年，学校会选出他们之中的 20 位“明星”，名为“POP”，组成一个叫做“第六年级精选”的组织。这 20 位“明星”不仅有荣誉，还拥有权力。相对于“第六年级精选”，伊顿公学真正顶级的荣誉是被选入“伊顿学会”，这些学生有权参与校长和教务长关于奖学金的讨论。进入“伊顿学会”并不要求每个人都是奖学金获得者，但入选“第六年级精选”则必须是。

20 世纪 40 年代，戴高筒帽的规定被废除了，但严格的着装沿袭了下来。伊顿公学为不同职位、不同等级、获得不同荣誉的学生设计了不同的着装。伊顿公学的校服是非常古典的黑色燕尾服、白色衬衫、圆领扣、黑色的马甲、长裤和皮鞋。这套行头至少要 700 英镑，加上配套的成打衬衫、领带等，装扮一个伊顿人，至少要好几千英镑。这款最初为悼念乔治三世去世而特制的衣服，如今成为了伊顿公学的标志。学生无论是在上课还是在吃饭，都必须穿着这套价值不菲的服装。

在黑色燕尾服中，有一些是带披风的，那是国王奖学金获得者的标志。有些穿不同颜色马甲的是伊顿 5 年级的“明日之星”，他们是从所有获奖者中选出的佼佼者，当年威廉王子就曾是“明日之星”，他的马甲是一面英国国旗。如果配有银

① 齐贤．泰晤士河畔的星光——走进英国伊顿公学[J]．文明，2012(6)：96.

色扣子，则代表最高级别的优秀学生，他们有权参与学校政务。通过这些日常服饰上的变化，突出竞争中优胜者的地位，使他们理所当然地鹤立鸡群，让学生充分体会优胜者的优越感、荣誉感。校长、教务长、舍监和各学科负责人也有不同的黑色学袍，稍微正式的场合，学袍一穿，犹如宫廷朝服，也是等级分明。

此外，校方规定的学生必备服饰清单也多少有些“触目惊心”，表中按校服、正式服装、地方外出装、体育与网球装、娱乐装、内衣、板球装以及个人用品等分类，每类均对件数和颜色有着详细的规定。仅个人用品，就包括 2 套睡衣、1 件浴衣、1 双拖鞋及 4 条浴巾等十几项内容。所有衣服还要求必须印上学生的名字、清洗号。

从上可知，对学生衣食住行的生活管理，也是学校教育管理的重要内容。伊顿公学在这方面极其用心细致，堪称典范。学校一方面对学生严格要求，另一方面也在努力营造家庭般愉悦的氛围，给予学生牧师般的人文关怀，让学生在温馨而又有序的环境中成长发展。

七、多种多样的学生评价①

伊顿有着多层次的考试制度，按阶段分为入学考试、GCSE 考试、A-level 考试（其中又分为 AS 和 A2 两层），以及更为重要的伊顿考核。

（一）入学考试

在 13 岁小学毕业后，凡是在伊顿公学注册了的男孩，必须一律参加伊顿公学的入学统考。考试的科目有英文、数学，还有智力测验。智力测验分为两个部分：

① 友友．伊顿公学和精英教育[M]．北京：电子工业出版社，2011：125.

语言形式的测试和图片测试。这两种测试，主要是考学生的智商和逻辑思维。每个私立学校都有自己的考试标准，学校可以自定考卷。教师根据几项考试成绩还有面试作为入学“分班”的第一个参照。

(二) GCSE 考试(学分考核)

GCSE 的全称是“General Certificate of Secondary Education”，也即普通中等教育证书。每个科目都要考 GCSE，考过就意味着已经取得了这个科目初中的毕业升级资格。全部 10 门必修课，加一门必要的第二外语，共是 11 个 GCSE 科目。越多的 GCSE，意味着学生拥有越强的基础能力和越广泛的发展可能性。GCSE 的考试分两次：第一次是入学后第二年，考试科目是法文、拉丁文、科学(包括物理、化学和生物三种)；第二次是在入学后第三年，要考所有其他还未拿到的 GCSE 的科目。当学生获得所有的学分时，就可以升入更高一级了。

(三) A-LEVEL(高中毕业考)

A-level 对应中国的高中毕业考试，整个 A-level(A 级考试)分为两个步骤——AS 和 A2。AS 即 Advanced，更高一级的教育。当学生拿到全部的 GCSE 之后，他们就要思考哪个方向是自己最感兴趣、也最有能力通过考试的，并最终做出至少四个科目的选择。这四个或四个以上的科目，就是他的 AS 考试科目，到入学后的第四个年底，将进行 AS 考试。学生每通过一门就获得这个科目的 AS 学分。每个学生至少要获得四个 AS 学分，才能晋升到 A-level 的第二个层次——A2。

A2 是在四个 AS 学分的基础上，学生再选出三门自己特别有兴趣、有把握的科目，而且必须在毕业之前通过考试，拿到全部或至少三个 A2 学分。伊顿公学在学生通过 GCSE 考试后，已经完全不再安排必修课。学生在 A-level 阶段，已经完全可以自己安排自己的时间，课程、作业、业余活动完全自主，原则只有一个，即必须获得一定要求的 AS 和 A2 学分。

A-level 的考题都是由“考试委员会”命题，也由该委员会给出判分标准。A-level 的总分为 600，其中 AS 和 A2 各占 50%，具体分为 A-E 五个等级。相对来说，AS 并不困难，2003 年伊顿公学考 AS 的 250 个学生中，180 人获得了三个 A，但 A2 难度就大大增加。

(四) TRIALS(伊顿考核)

相对于比较容易的全国统考(GCSE 和 A-level)，伊顿公学更看重自己系统之内对学生质量的把握，即伊顿考核，时间定在每年 12 月(区别于“统考”的 5—6 月)。但初入伊顿公学的学生，在一二年级，还要在夏天多加两次 TRIALS。因此，伊顿公学学生在校 5 年，一共要通过 7 次“伊顿考核”。作为考题，“伊顿考核”比 GCSE 难得多。伊顿公学学生几乎都能通过统考，却不能保证都通过伊顿考核。如果不幸几次没有通过伊顿考核，他就必须转学了。同时，伊顿考核在校内决定着下一学期的分班，在升学时，好的学院会更看重伊顿考核展示的学生质量。

八、专业素养高且具有特长的教师队伍

伊顿公学的教师大多数都是学术方面的专家，其中也不乏牛津大学、剑桥大学的校友。他们不仅有很高的专业水平和宽广的学术视野，更重要的是拥有对教育事业的无限热爱。和学生一样，伊顿公学的教师也是穿着旧式礼服。伊顿公学的教师朝气蓬勃、精力充沛，他们被聘用时年龄一般都在 38 岁至 40 岁之间，聘用期为十三年。

伊顿公学对教师的录用条件主要是有学术、有爱心、有特长。伊顿公学在选择教师时，第一不管其国籍，第二不管其年龄，第三也不受资质的限制，唯一的要求就是要关爱学生。具体体现在，教师每周要能上 24 课时的课程，每周要有一个

晚上到学生宿舍和学生进行交流并参加学生的活动。同时教师本人至少还要有一门以上的特长，只有有特长的教师，才能更好引导学生个性特长的发展。校长并不考虑看中的人是否有教师资格证。因此，伊顿公学的老师背景五花八门，有厌倦了金钱的银行家，有想改变生活方式的律师，还有商人，现在也招少量年轻有为的女教师。伊顿公学正是因为有了这样一支有学术、有爱心、有特长的教师队伍，才能培养出一代代具有鲜明人格特质的精英学子。①

在教师培训方面，伊顿公学的传统竟染是完全没有培训。据伊顿校长托尼·里特介绍，除了年轻教师观摩年长教师教学外，没有其他形式的教师培训。自从执掌伊顿公学以来，里特打破常规，开始为学校教师引入某些形式的正式培训。2005年以来，伊顿公学的160名教师经常组织讨论，共同寻找解决某类问题的新方法。同时，他们也有机会与公立学校和其他私立学校的教师进行思想交流。

伊顿公学作为英国各公学之首，其悠久的传统、为学生个性发展着想的办学理念、丰富的课程、弹性的教学、丰富多彩的社团活动、多元的评价、独特的学生管理、高水平的学业成就以及高昂的学费、知名的校友群等都集中体现了英国公学的显著特色。深入剖析其人才培养模式，对于世界各地精英人才培育都有重要启示。

---

① 林春曹.温莎的崇高和宽广——伊顿公学镜鉴[J].江苏教育，2009(7)：74.

第四章

培育未来社会领导者——新加坡莱佛士书院人才培养模式分析

一、一所新加坡首任总督创建的知名学校[①]

莱佛士书院(Raffles Institution)是新加坡的一所公学性质的私立男校(自 2010 年以来,学校 5—6 年级开始招收女生)。作为新加坡历史最悠久的学校,学校由新加坡的发现者及首任总督、英国人斯坦福·莱佛士爵士(Thomas Sfamfore Raffle)于 1823 年 6 月 5 日创办,原名新加坡书院(Singapore institution),1868 年为纪念莱佛士爵士而更名为莱佛士书院。在该校近 200 多年的历史中,培养了新加坡几乎所有重要的政商界人士,包括新加坡的两位总理李光耀与吴作栋。因其特殊的历史背景和近似西方的人才培养模式,莱佛士书院一直受到新加坡英语背景家庭的欢迎,学校内学生使用的主要语言也是英语,而非华语。

自莱佛士爵士抵达新加坡以来,他就一直有在新加坡建立一所东南亚顶尖的、仿英国公学式学校的念头。最初的计

① 莱佛士书院主页. http://www. ri. edu. sg/. 2017 - 03 - 02. 百度百科 http://baike. baidu. com/view/465302. htm? fr=aladdin. 2017 - 03 - 02.

图 1-4-1 莱佛士书院校门

划是将在马六甲的英华学院(Anglo-Chinese College)搬迁到新加坡,但是原计划因种种原因最终未能实现。随着莱佛士总督任期的届满,莱佛士不得不放弃原先的计划,在新加坡重新建立一所新的学校。于是莱佛士书院于 1823 年 6 月 5 日奠基,1824 年 8 月 1 日招收了第一批学生 50 人,1837 年 JH 摩尔成为书院的首位校长。学校校址最早位于勿拉士苔沙路(Bras Basah Road),今天旧校舍已经不复存在,在原校址土地上建造了新加坡最高的大厦。1844 年,学校又建成了一栋教学楼,在此专收女生,而这个莱佛士书院的女生部也成为日后莱佛士女中的前身。

莱佛士书院一直都是新加坡最顶尖的学校之一,自 1993 年新加坡教育部发表官方的中学排名以来,该校一直保持第一或第二名。该校同莱佛士女子中学和莱佛士初级学院一起开设直通车课程,使学生可以不必参加中学会考直接进入两年制高中学习,此外该校也开设特殊教育课程,面向全新最顶尖的 1%学生。

1903 年,原本私立的莱佛士学院成为公立学校,直到今天,莱佛士书院依然是教育部管辖下的一所政府中学,虽然它要比其他大部分中学享有更高的自主权。

尽管成为了公立学校，莱佛士书院依然保持了许多私立学校的特色，例如学长制、寄宿制、重视体育和男女分开教学的传统。这时的莱佛士书院已经摆脱了早期资金匮乏的窘况，成为新加坡乃至东南亚顶尖的学校，甚至连泰国的国王也公派了17名留学生到莱佛士书院学习。到1930年代，学校到达了一个顶峰，此时的多位校友包括李光耀等，之后都成为新加坡的领导者。

1945年11月8日，莱佛士书院借用了圣约瑟夫书院（St. Joseph Institution）的部分校舍复学，原本的校舍经过战争已经无法使用，但是很快，学校在校舍修复后又重新搬回原址。战后历任的英籍校长都试图将莱佛士书院恢复到战前的辉煌，但是战后英国在其殖民地影响力的式微意味着学校的教学风格将完全改变。1958年，莱佛士书院迎来了历史上首任亚裔校长，之后就再也没有一位英国人出任过学校校长。学校再度步入了高速成长期，1962年成为新加坡平均成绩最好的学校，以后也一直保持着这样的杰出表现。

1973年，在莱佛士书院150周年校庆之际，学校搬迁到格兰芝路（Grange Road），新校舍设施一流，拥有网球场、大操场、大草坪、标准400米跑道和一个标准的50米游泳池。1983年，学校开始开办特殊教育课程，专门教育被证明为拥有高智商的学生。

二、追求卓越的莱佛士精神

书院取得辉煌的办学成绩是和追求卓越的精神密不可分的。新加坡莱佛士书院卓越的精神主要体现在如下几个方面：

书院的愿景和座右铭： 当斯坦福·莱佛士于1823年建立莱佛士书院时，他旨在建立一个能够很好地服务于国家的基础教育机构。“为了更美好的时代”这句箴言就用拉丁语刻在了学校内。

书院的精神追求： 在莱佛士书院，学生们均需牢记并在学习过程中切实履行的精神追求是：在求学方面，我会表现出纪律及对学习的热情；在道德方面，我会表现出廉正及对个人、团体与社区的仁慈与尊重；在这么做的同时，遵守书院的荣誉原则（Rafflesian Principle of Honour）。

书院的办学使命： 莱佛士书院致力于培养个性鲜明、充满自信、乐于奉献的未来世界领导者、思想者和开拓者。学生希望并且能够在他们所属的团体中表现得最好，他们处处在体现着学校的使命，即通过领导和服务培养出思想者、领导者和开拓者。

书院的办学策略： 1. 开发前瞻性的、具有国际视野的课程体系，给学生提供追求卓越的机会，培养具有个性和远见的杰出领导者；2. 成立具有专业实践和教育功能的领导者社团，激发学生彰显最好的自我，在专业实践和教育教学中发展学生领导能力；3. 建立具有高度灵活性和整合性的教学服务制度；4. 建立合作联盟，以便能把学生置于多元的社会和文化视角下，在服务当地甚至全球社区的过程中，拓展学生的视野。

图 1－4－2　莱佛士书院的徽章

书院的精神氛围： 诚如其校友所言，在书院，你能从她骄人的历史中感受到崇高和伟大。有一种团结的力量，要求和激发着每个人做到最好，并不断追求卓越。这是深藏于心、又时刻体现在师生行动之中的一种内在的力量。

书院的徽章内涵： 学校徽章（如图 1－4－2 所示），是一个半狮半鹫怪兽（双头鹰和两个大的勋章），它来源于斯坦福·莱佛士先生的盾形纹章，象征着书院的价值和目标。它标志着鹰的速度、高度、洞察力，同时又标志着狮子的威严、力量和勇气。这个怪兽坐落在学校徽章的顶上，周围以花冠缠绕，代表着学校对知识威严的信赖以及恒久的追求。

狮鹫是一种传说中的生物，常见于希腊神话中。它长有狮子的躯体与利爪、鹰的头和翅膀，是相当有名的奇幻生物。因为狮子和鹰分别称雄于陆地和天空，狮鹫被认为是非常厉害的动物。狮鹫兽是属于大自然非凡魔法造就的生灵，它常常履行的职责就是处罚贪财的人类。

徽章内的双头鹰，一头代表着学校从历史中吸取的力量和智慧，一头代表着学校要面向充满无限可能的未来。同时，双头鹰也象征着学校能够对各种形势的充分理解和协商沟通。同时，双头鹰也可解释为学校具有的普世追求和兼容并包，一头代表着东方智慧，一头代表着西方智慧。两个奖章坐落在徽章的中心，是金箭秩序的象征，是 1811 年土耳其皇帝授予莱佛士先生的个人饰品。镶嵌在奖章上部的文字是来自土耳其皇帝的感谢词，大意是：高尚的贵族之士，托马斯·莱佛士，金剑秩序，主权统治者。奖章的底部有着马来西亚人的波纹刀刃短剑的意象，该短剑是东南亚地区所特有的匕首。该武器和它的象征性精神通常被认为是英雄主义的。总的来说，这两个奖章代表着该学校对多元文化的尊重。学校徽章内同时出现的这两种饰品，激励着莱佛士人要有放眼东西方世界的情怀。

三、丰富的学术课程套餐

莱佛士书院的学生以其优异的学业成绩著称于新加坡乃至全球。这和学校精心的课程设计密不可分。除了普通中学开始的常规课程之外，为了满足不同学生学术发展的需求，莱佛士还开设了如下不同种类的课程供学生选择：

1. 莱佛士书院文凭。莱佛士书院承认学生在五个发展领域的广泛参与及所取得的成就：学术与认知，性格和领导力，社区和公民参与，艺术和美学，体育与健康。学院试图通过这种方式，挑战和发展普通教育证书（GCE，General Certification of Education）A级认证成功的传统定义。

莱佛士书院文凭是一个标准参照的认证，在达到所有五个发展领域的基础标准后，莱佛士书院学生即可被授予文凭，在某一特定领域优秀的学生也会获得功绩奖或荣誉。学生获荣誉奖前需提交一份相应的反思报告，对于功绩奖，学生也必须提交一份研究方向的书面声明，包括对相关领域的参与和思考。功绩奖的评选由专责委员会(SelectCommittee)推荐，由外部学者推荐后颁发。

2. 莱佛士学院。莱佛士学院是一个卓越人才发展项目，旨在满足在某个学科领域有特殊才能的学生需要，这是一个从第三学年开始至第六学年、为期四年的项目。学生可以在第三至第五学年随时加入该项目。在该项目领域的学习，学生跳出常规课程的限制，以更快的速度学习学科领域内更深更丰富的学科内容，挑战学科难题。该项目也不鼓励学生选择很多的科目，而是只能从以下科目中选择两门来学习：物理、化学、生物、数学、文学、历史和地理。

3. 莱佛士项目。莱佛士项目(Raffles Program)是一项为期六年一贯制的、为莱佛士书院和莱佛士女校提供的课程。它的课程模式和框架基于资优教育的原则，对象是那些更高能力的学生或者兴趣和动机比同龄人多样的学生，或者是需要更多个性化关注的学生。莱佛士项目的目的就在于满足这一群学生的需要，丰富与深化他们的学习。

4. 莱佛士哲学课程。在第1至第4学年，学生应当学习批判和反省的思维技能，以进行理性化、逻辑化的思考，从而发展自我意识水平，提高应对新情境的能力。莱佛士哲学课程，就是通过跨学科的(逻辑学、美学、政治学、正义论)学习和训练，发展学生清晰、批判、认真思考的习惯和艺术，同时培养学生正确的道德价值。通过这样一门探究知识的来源及对知识进行评价的学科，也为学生在更高水平上学习知识奠定基础。

5. 研究性项目。研究性项目开展时将学生置于各领域的真实场景中，如科学、数学、工程、信息技术、人文社科以及社会和社区服务中去，旨在不同程度上发展学生的批判思维能力、跨学科的竞争力、收集资料的能力、小组合作的能力。许多莱佛士学生可以在新加坡科学工程大会、新加坡青年科学论坛以及人文社科研究平台上作展示。

6. 计算机选修课程。这是一个为期三年的课程，学生边学边用，掌握相应的信息技术。在第二学年，学生集中于学习游戏编程和 3D 建模。在第三学年，学生通过学习 Pathon 软件和移动端的应用，发展其计算思维。第四学年，学生可以继续探索移动端应用或者是网页设计等。

7. 莱佛士跨文化课程。第 5 年和第 6 年里，学生可以通过相关的交流计划接触到不同国家的政治、文化，探讨当代问题。在国际政治和商业领导人的指导下，学生可以进行调研，获得身临其境的体验，并参加研讨会、发表论文。莱佛士跨文化课程包括：莱佛士亚洲计划、莱佛士二元文化课程（中国）、莱佛士二元文化课程（印度）、莱佛士中东计划、莱佛士复兴计划等。

8. 科学@莱佛士。科学@莱佛士是一系列鼓励学生追求科学知识的项目总称，目的是通过与国内及海外高等教育机构和研究机构的合作，让学生尽早接触高水平的科学研究工作。科学@莱佛士计划包括：莱佛士研究实验室项目、莱佛士研究实习计划、海外科技计划、第 5—6 学年的物理建筑大赛。

9. 莱佛士人文项目。该课程的开设是跨学科的，教学形式是讨论式的。教学期间有着丰富的活动，包括每周的嘉宾报告、工作坊。学生还要走出教室，参加诸如“莱佛士亚洲项目”、戏剧演出、慈善活动、暑期学校等。在课程的第一学年末，学生开启到亚洲各国的海外游学，以体验不同的政治、经济、社会和文化生活。

四、卓有成效的领导力培养课程

如前所言，莱佛士书院培养了新加坡几乎所有的政商界领袖，这一方面和学校优质的生源密不可分，另一方面也和莱佛士书院很重视学生领导力的培养有重要关系。莱佛士书院的学生领导力培养课程既有学术性课程，讲解领导力的价值及其重要意义，更有丰富的实践活动，让学生在服务他人和被他人服务的过程中不断提升自身领导水平。具体而言，书院采用了 6 年的集成连贯培养计划，该计划注重强调现实世界的适用性，期冀学生能将课堂上学到的东西与在实际生活中运用知识联系起来，详述如下：

1. 第一学年重要大事件：迎新活动

学校组织各种活动计划，以帮助 1 年级新生适应中学生活。这些活动括团队建设活动（比如向学生介绍各种气候变化协议）、同伴支持小组会议（PSGM）、隔夜的迎新营、小型莱佛士人仪式（JRIC）等等，这些活动可邀请学校前辈们以及家人参加，促进莱佛士归属感的形成。

2. 第二学年重要大事件：马来西亚蒙太奇年

作为本学年的最亮点，该活动的主要行程包括整个 2 年级的学生一起到马来西亚进行为期一周的旅行，期间进行各种学习活动，比如参观当地著名产业以及文化交流中心等等。重要的是，这些学习活动并不是传统意义上的简单旅游套餐，而是为书院学生个人发展定制的独特经验。

3. 第三学年重要大事件：莱佛士领导项目

莱佛士领导项目（Raffles Leadership Program）在 2008 年试行，并于 2009 年推出，后来发展到建立一个由不同国家的学生领袖组成的共同体。在这一组织里，每个学生领袖都能通过一系列的领导力培养活动进一步提升自己的能力，尤为重要的是活动中，学生的社会责任感可以得到更好的发展。

4. 第四学年重要大事件：社区参与计划(CIP)年度项目

莱佛士书院同社区青少年发展中心开展合作，所有4年级的学生会亲身采访原著居民，了解他们的情况。随后，学生将进行一系列的居住地整修活动，如绘画、清洁，以解决居民的需求，项目结束，书院也会组织相应的庆祝活动。

5. 第五学年重要大事件：校际体育会

校际体育竞赛在学生的生活中是一个重要的里程碑。比赛在2月下旬开始，并持续至八月。除了运动员参与，学校还组织相应的啦啦队，在运动场下欢呼激励他们的朋友们。

五、富有特色的学生组织与社团活动

莱佛士书院有如下独具特色的学生组织和社团活动，更好地促进学生综合素质的发展。

1. 学长团。莱佛士书院(中学部)学长团分为5个部门：福利部、沟通部、人力资源部、纪律部及校徽精神部(Gryphons' Committee)。校徽精神部于2007年成立，负责倡导已被淡化的“莱佛士精神”。进入学长团的过程为期5个月，该过程包括提名、面试、竞选活动等。所有中一、中二学生，以及中三的外国学生都可被提名。赢得竞选的学长将在为期4个月的过渡期后，正式进入学长团。学长团除了维持纪律以外，也举办各种活动，包括正式场合的校内艺术比赛(Rafflesian Spotlight)、社区服务活动等。

2. 班级执委。莱佛士书院(中学部)的每一个班级，都有班级执委，由三人组成。候选人通常由同班同学投票进入班级执委，但是，有些班级执委是由级任老师自行组成。除了班级执委，莱佛士书院（中学部）还有班级执委理事会，由中学部每个年级的4个班级执委组成。班级执委理事会与学长团密切合作，主办各种活动。

3. 露营活动。与许多历史悠久的学校一样，莱佛士书院保留着很多传统。例如，每一届的新生在入校后都要参加一个为期3天的露营活动，通过各种集体活动培养“莱佛士精神”。在3天活动结束之后，学校会举行一个仪式，向每位新生颁发校徽，象征其正式融入了学校的大家庭。

4. 书院届歌。每届莱佛士学生都要学唱“届歌”。莱佛士书院共有3首届歌，分别是《手牵手》、《关怀的声音》和《我们还年轻》。

5. 学生会。书院的学生会也被认为是新加坡最活跃的学生会，这里是新加坡未来领袖的摇篮，很多莱佛士书院学生会主席日后都踏入政界。每一届中二升中三的学生在新学期开始的时候要参加为期一周的野外生存训练（OBS），完成该项训练后，学生可以换上长裤，正式成为学校的高年级学生。

6. 体育活动。在体育活动方面，橄榄球是莱佛士书院最重视的体育项目，所有学生在体育课上都必须学习打橄榄球。此外莱佛士书院的板球、网球和垒球成绩也都很优异。

通过上述对莱佛士书院人才培养模式的分析，我们清晰地看到莱佛士书院对“卓越”的强烈追求，以及学校领导和教师对学生发展的高期望。“为了更美好的时代”是每个莱佛士人心中的信仰。在课程的开设方面，书院重视学生学术的培养，重视发展学生的领导力，在多种活动中培养学生的综合素养，这些都是书院一直的追求和实践。正是这些追求和实践，造就了莱佛士书院辉煌的昨天、灿烂的今天。我们期待并相信莱佛士书院会有更加光辉的明天！

第五章

“美国的小哈佛”——美国斯蒂文森高中人才培养模式分析

美国斯蒂文森高中(Stuyvesant High School)成立于1904年,是一所四年制的公立高中,坐落在繁华的纽约曼哈顿,紧邻在“9·11”中倒塌的世贸大厦,有“小哈佛”之称,也被称为“美国最好的高中”。多位诺贝尔奖得主及各领域的知名人士曾在此校就读。每年大概有26000名学生报名参加斯蒂文森高中竞争极其激烈的入学考试,但其中大约只有800名学生会被学校录取,录取率不及3%,比哈佛还低。那些因几分之差而被拒之门外的学生会长期为此而耿耿于怀,因为斯蒂文森高中在那些求知的孩子们心中几乎是神圣的。斯蒂文森高中到底因何而对全美甚至全世界的家长与学生产生如此强大的“魔力”吸引呢?

图1-5-1 斯蒂文森高中建筑一瞥

一、以数学、科学、技术学科为特色的学校

美国自1958年《国防教育法》中强调数学、科学的学习以来，数学、科学以及现代社会大量需求的技术、工程，已经成为学校教育中最需要付出努力的部分。一方面因为美国中学生的数学、科学成绩在发达国家的排名状况不容乐观，另一方面则是为了让学生能够在毕业后更好地适应社会及职业。因而，强调数学、科学的学习不仅是斯蒂文森高中课程的一大特色，也代表了美国大多数优质高中在课程建设上的主导理念。

斯蒂文森高中建校之初是一所招收男生的手工职业学校（manual trade school），1969年，斯蒂文森面向14名女孩敞开大门，标志着其开始成为一所真正男女合校的综合性中学。1992年学校校址从曼哈顿的东端迁到位于城市南端的炮台山公园。到现在，这所著名高中的历史已逾百年，学校的学习氛围浓厚，属于纽约州地区主流文化的一部分，基础设施完备，各类社团活动非常活跃。经过多年的探索与努力，斯蒂文森高中目前已经发展成为培养数学、科学和技术天才的首选学校，共有4个年级的学生3000余人在校。

与美国大学的地位和知名度相比，美国高中的知名度及受关注程度都略逊一筹。《美国新闻与世界报道》曾于2007和2008年度专门对美国优质公立高中的评选进行了报道，并公布了全美公立高中在这两个年度的排名情况，分别评选出金、银、铜奖三个级别的高中，排名在前100位的高中当选为金奖的获得者，同时也成为美国最优质的高中。享有美国“小哈佛”之称的斯蒂文森高中不仅榜上有名，而且位居前列（分别是2007年的15位和2008年的23位），堪称优质中的优质。在每年英特尔科学天才调查中，斯蒂文森高中都是拥有奖项数量最多的学校。从学

校各项知名专业在全国的排名来看，其优秀的传统显见于各个领域：在校生中每年获得“国家荣誉学者”的人数在全国名列前茅，2006 年有 99 名斯蒂文森高中的学生获此殊荣，而从全美来看，平均每两所公立学校才有一名学生得到这个称号。此外，学生常常在美国各种数学竞赛、科技大赛、辩论赛中取得骄人的成绩。同时，学校还拥有 200 多个学生社团，30 多门自己编排和发行的出版物以及丰富的选修课程。每年的毕业生中有四分之一能考上常春藤盟校。在斯蒂文森高中的毕业生中，四位诺贝尔奖得主以及在科学、数学、政治、法律、艺术和音乐等领域的众多领军人物更加令这所学校熠熠生辉。

这所学校没有专门的足球场、棒球场和网球场，只有两个标准的体育馆和一个 25 米长的游泳池。但是，学校却有各种科学实验室、机器人工作坊、制图教室和金属、木材、塑料、陶器、照片等制作坊，每间教室都装有电子监视器和光纤设备，而且图书馆有一个具有滤光功能的露台和带有圆柱的凉廊。这所学校的设备无疑是世界级的，而学生们也把这些看作理所当然，因为这些设备的所有功能都服务于学生的学习。

二、重视学生学术发展和全面发展的办学理念

斯蒂文森高中是一所移民学校，从成立之初就在为大多数移民受教育者服务，如今仍然扮演着这一角色。学生群体由来自于世界各地的移民构成，代表了来自纽约城的各个社会阶层。同时，每一个学生都有非同寻常的独立精神和创新能力。学校非常注重高难度的学术课程学习，学校的主要任务就是培养各领域的学术天才，为名牌大学输送人才。全美国只有 67％的高中生能被两年制学院或四年制大学录取，而斯蒂文森高中的所有学生都能考上四年制大学，更有四分之一

的学生能考取常春藤盟校。

斯蒂文森高中的学生对自己的要求也相当严格,能够进入斯蒂文森高中的学生不仅要有优秀的学习成绩,也要有良好的心理素质。在名校学习,学生的压力是巨大的,这里的学生甚至被称为"书呆子",并不是说他们死读书,而是这些学生对自己的期望值很高,刻苦学习是他们在斯蒂文森高中必须要做的事情。

在重视学生学术成绩的同时,学校为学生全面发展提供了广阔的空间。斯蒂文森高中有形式多样的课外活动、研究活动,目的并不在于培养学生成为全才,而是为学生创设更为广阔的空间,发展他们多方面的兴趣,拓宽他们的视野,并在其中找到真正适合自己个性发展的元素。

数学兴趣小组对学生的要求是不一定要有很强的数学能力,但是对数学一定要有浓厚的兴趣。每天上午 8:00—8:40 是数学小组活动时间,根据学生的不同能力将学生安排在不同的教室学习,所学习的数学问题一般来源于市、州、全国各类数学竞赛的题目。《数学纵览》是斯蒂文森高中内一本被校方认可的、学生自己主办的数学杂志,其历史已经有 65 年之久,目的是要让学生了解数学学科的最新发展动态,编辑杂志所涉及的美术、商业、印刷、排版、文字、图片和出版工作,都由学生自己独立完成。

就全国数学竞赛来说,学校要求学习 AP 课程微积分 BC、多变量微积分、微分方程、英特尔数学研究的学生以及参加数学兴趣小组的学生,都参加由美国数学协会组织的全国数学竞赛(简称 AMC)。此竞赛分为面向九年级和十年级学生的 AMC - 10 和面向十一和十二年级学生的 AMC - 12 两种竞赛,一般在学校常规教学时间里开展,不会占用学生的课外时间。

在开展这些课程和活动时,斯蒂文森高中也会经常借助校外各种资源的力量。例如,高中学生参与并协助大学实验室的部分研究工作,大学教授来到高中开设讲座,体育课的足球比赛场地会设在中央公园,棒球比赛场地则可能会选在布朗克斯科学高中的体育场。资源的共享为斯蒂文森高中各类课外活动的实施带来了极大的便利。

三、门类丰富、程度递进的课程建设

课程是培养学生的载体，斯蒂文森高中为学生提供了门类丰富、程度递进的课程。

1. 门类丰富的学术性课程

斯蒂文森高中能取得这样卓越的办学成果与其独到的课程理念是分不开的，所有课程的设置都是在“为学生的明天做准备”。斯蒂文森高中的课程体系囊括十个学科领域，分别是：[①]

生物、心理学和地理：这类课程旨在教授学生本学科最前沿和最核心的内容及概念；

数学：帮助学生更好地适应今天的技术社会，完善学生的分析能力、问题解决能力和技术能力，此外还要发展学生运用逻辑推理中归纳法和演绎法的能力；

化学和物理：为学生打下物理、化学学科的坚实基础，同时培养学生对这些课程的兴趣；

计算机科学：课程的教学逻辑起点是假设每个学生都是计算机科学的初学者，完成规定学习任务的学生将有机会学习更高一级的大学水平计算机课程。本课程强调多种问题解决技巧以及让学生了解各种新的思维方法，同时也强调了解计算机科学和其他学科领域的关系；

---

① 韦立君.走进“小哈佛”探析美国斯蒂文森高中课程[J].上海教育，2009(05)：42—45

技术教育：让学生学会在真实世界里对数学和科学的应用；

健康和体育：体育课程开设各种活动，目标是鼓励学生对体育锻炼和健康产生终身兴趣，培养自尊、团队协作和运动家精神；

其他还有英语、世界语言、音乐和美术以及社会学科等课程。

2. 程度递进的组织方式

每个学科领域又下设多门课程，所有这些课程根据难易程度又可划分为必修课程、选修课程以及为学有余力的学生开设的进阶先修课程(以下简称 AP 课程)。

必修课程是指学生为获得高中毕业资格而必须修习的课程，学生若要获得毕业资格须按照学校要求修习以下课程：英语、社会学科(世界历史、美国历史)、科学(生活环境、化学、物理)、数学、世界语言、健康和体育、音乐和美术，并且在英语、世界历史、美国历史、生活环境、化学、物理、数学 A 和数学 B、世界语言课程上必须通过州教育局举办的标准考试。

选修课程是为了帮助学生探究其感兴趣的学科而开设的，内容更加深入和专业化，部分选修课程的修习还需要学生提出申请，获得相关部门同意，斯蒂文森高中的选修课程相当丰富多样。斯蒂文森高中选修课程多达 100 多种，涉及的内容之宽泛可能是很多人所无法想到的。以生物学科为例，有 18 门选修课程可供学生选择，具体包括：人类学和社会生物学、蛋白质生化组成、营养学基础、遗传学研究、实习医师、人类疾病Ⅰ、人类疾病Ⅱ、医学诊断、医学道德、医学人类遗传学、医学人类生理学Ⅰ、医学人类生理学Ⅱ、核酸分子生物学、分子遗传学、分子科学、癌症分子构成、实践植物学、兽医医学诊断。

AP 课程则是为了那些将来希望在该学科领域继续钻研并期望有所发展的学生所设置的，学生也须提出申请方可修习，而前提条件是学生在所申请学科领域已经修习课程(不管是必修课程还是选修课程)的成绩超过学校平均水平。其设置涉及自然科学(生物、化学、地理、物理、心理学)、人文科学(英语、外语、人文学科、社会学科)、数学和计算机科学、技术(技术实验室课程,包括建筑学、技术和网络、工程学原理、能量应用、制陶、电影摄制、摄影等)、英特尔研究(涉及生物、地理、心理学、化学、物理、计算机、数学)等多块领域,具体课程开设可分为:

英语: 英语Ⅰ、公共演讲、英语Ⅱ、英语Ⅱ(Honors)、英语Ⅲ、英语Ⅲ(Honors)、英语Ⅳ(AP)、英语Ⅴ(现代故事)、英语文学(AP);

数学: 代数Ⅰ、代数/几何(Honors)、几何 A、几何、几何/代数Ⅱ(Honors)、中级代数、大学代数和三角法、统计学、微积分、微积分(Honors)、微积分 AB(AP)、微积分 BC(AP)、计算机科学(AP);

科学: 环境科学、生物、化学、化学(Honors)、物理、物理 B(AP)、物理 C(AP)、生物(AP)、化学(AP)、环境科学(AP);

历史: 世界史Ⅰ、世界史Ⅱ、美国史、美国史(AP)、经济学、历史Ⅳ、欧洲史(AP);

经济学: 宏观和微观(AP)、世界史(AP)、历史Ⅳ(选修);

外语: 法语Ⅰ、意大利语、日语Ⅰ、拉丁语、西班牙语;

艺术: 表演艺术、戏剧课、舞蹈课、音乐课、视觉艺术、摄影课、广播课等。

对于上述 AP 课程,学生可以申请任何一门其学力可以胜任的课程,也可以申请一门以上的课程,但是须遵循如下规定:希望修两门 AP 课程的学生在申请前,各学期所有课程平均成绩最低值排名为 88%;希望修三门 AP 课程的学生在申请前各学期所有课程平均成绩最低值排名为 93%;希望修四门 AP 课程的学生在申请前各学期所有课程平均成绩最低值的百分比排名为 95%。通常校方建议学生可同时选修两门 AP 课程,而不鼓励学生同时选修超过三门的 AP 课程。学生选择 AP 课程时须征得家长的同意和选课咨询教师的指导,同时,选择 AP 课程的学生家长须与校方签订一份书面协议,以确保学生学习 AP 课程的质量如不缺勤,按时完成学习任务等。

AP 课程在高中设立的主要目的是帮助学生胜任大学课程,随着社会发展对学历要求的提升，开设 AP 课程已经成为一种趋势，并且将逐步成为高中课程开设的必选项。目前，一些高中 AP 课程的功能还未明显发挥，甚至只是一种摆设，但是以斯蒂文森高中为代表的一批优质高中对 AP 课程的践行已经步入正轨，并渐入佳境。

再以数学学科为例，除了必修的数学课程，学校还为学生开设了许多合作课程和课外活动，主要包括四个部分：数学研究课程、数学兴趣小组、数学杂志《数学纵览》和全国数学竞赛。

四、专业的师资力量

斯蒂文森高中对教师的业务水平要求很高，教师全部是硕士及以上学位，虽然是专职的，但也允许在州立大学、社区大学兼一些课。教师工资比社会上其他行业要高，但比郊区的同类中学工资要低。教师队伍是比较稳定的，教师进校以前都是名牌大学师范专业毕业生，而且要经过周密择业考虑才能通过，所以教师跳槽现象比较少见，除非是同类中学间的调动或去大学做教学与研究工作。

教师每天工作 6 小时 20 分钟，包括上 5 节课(每堂课 40 分钟)、2 节课为备课和批改作业、1 节课则用来吃饭。学校的教师不受政府其他行业裁员的影响，有退休金、医疗保险，每年有将近 200 天的假期(包括所有休息日)。

五、良好的家校关系

斯蒂文森高中善于利用学校之外的各类资源，获得家长对学校教育工作的支持，特别在获得家长支持方面一直做得很好。斯蒂文森高中拥有着最热衷于孩子教育的家长群体，在斯蒂文森高中的网站主页上，专门有一栏“家长协会”，家长们可以在这里对学生学习的课程提出建议，可以通过信息的反馈协助校方对学校教育质量进行监督，对学校的管理工作建言献策。很多移民学生的家长放弃家乡不错的生活而来到这里辛苦地打拼，就是为了子女能够接受优质的高中教育，从而有机会进入全美一流的高等院校。

六、标准严格的招生

从 1920 年开始，学校决策者规定斯蒂文森高中只录取学习成绩好的学生，并于 1934 年引入一种入学考试制度，报考的学生至少要满足两个条件：其一，初三年级各科平均分达到 78 分；其二，一封学校的推荐信。20 世纪 60 年代，在社会动乱和实施平权法案的背景下，斯蒂文森高中联合其他两所高中采用“探索计划”招收少数族裔学生，并将多元化作为一项招生标准沿用至今。①

不管时代如何变化，斯蒂文森高中始终秉持一个办学理念：将天才和精英聚集起来，创办一所培养未来各行各业佼佼者的学校。为了保证招收到优秀学生，斯蒂文森高中始终坚持特殊的入学考试，除要求考试成绩外，还包括论文、教师推荐、成绩单等，而且“一考定终身”，考试通过了就被录取，如果分数不够，再也没有机会，除非你是少数族裔或弱势群体。面向少数族裔和弱势群体的“探索计划”规定，不够斯蒂文森高中入学考试分数线的学生，如果能够参加特殊暑期考试并取得好成绩，则还有机会入学。

① 冬慈. 比哈佛还牛，美国“最好高中”告诉你什么是精英教育！ http://learning. sohu. com/20160927/n469277547. Shtml. 2017 - 03 - 04.

第六章

“培养伟人的苗圃”——法国路易大帝高中人才培养模式分析

文学家莫里哀(1622—1673)、维克多·雨果(1802—1885),诗人夏尔·波德莱尔(1821—1867),印象派画家埃德加·德加(1834—1917),哲学家萨特(1905—1980),启蒙思想家伏尔泰(1694—1778)、狄德罗(1713—1784),革命家罗伯斯庇尔(1758—1794),社会学家涂尔干(1858—1917),数学家埃瓦里斯特·伽罗华(1811—1832),法国前总统蓬皮杜(1911—1974)、雅克·希拉克(1932—)……这些人,基本上是整个法国近代以来的政治、经济、社会、文化、艺术的核心人物图卷,而他们之间的联系,来自一所中学,就是路易大帝高中(又译:路易大帝中学、路易勒格朗中学)。这所学校在其450年历史中孕育了众多的优

图1-6-1 路易大帝高中校园一景

秀人才，分布在法国各个领域，政治家、外交官、高级神职人员、法国元帅、学院院士等不计其数。因此，学校被校友亲切地喻为“法国培养伟人的苗圃”。这所位于法国巴黎第五区圣雅克路上的中学，历史悠久、环境优美、追求卓越、成效显著，是法国最好的公立中学之一。

一、悠久的历史，追求卓越的精神①

（一）初创：在阻碍中前进

路易大帝高中的历史最早可以追溯到1563年，迄今已有450余年的历史。在这几百年的时间里，法国发生了翻天覆地的变化，学校的命运始终与国家紧密相连。不管处于何种政体之下，它永远独立、自豪，学校的教学方式、创新的传统、优秀的传承都受到了社会各界赞许。

1. 三禁三开，学校永不言败

1560年，克莱蒙的主教纪尧穆·杜普拉(Guillaume du Prat)为了保证六名穷教徒拥有稳定的住所，并维持生计，将他遗留下来的6000里弗尔(livres，法国古代货币)贡献给耶稣会。最终，于1563年10月1日，在圣雅克路的一个庭院中建立起了耶稣会中学。这所学校虽然被巴黎大学所默许，但却没有官方的批准。之后，学校取得了巨大的成功，学生总数大量增加，学校不得不增大规模。因此，耶稣会又购买或兼并了圣雅克路上几间相毗邻的房屋。这所被学生称作“克莱蒙中学”的耶稣会学校即是路易大帝高中的前身，它在教育上获得成功，却在其他方面受到了阻碍。

---

① 路易大帝学校历史参见学校网：http://www.louislegrand.org/index.php/hier-et-aujourdhui-articlesmenu-29/histoire/historique-articlesmenu-34. 2016-12-15.

学校做出了一个在16世纪非常惊人且创新的决定——给走读生以免费教育。在此政策下学校发展非常迅速，与此同时，学校被指控抢走了巴黎大学下属学校的生源，并吃了官司。诉讼期间，学校被迫关闭。从1564年开始，校长让·普雷沃(Jean Prévot)要求重开学校。一场诉讼从此揭开帷幕，并引起了整个王国的关注。幸运的是，虽然诉讼迟迟没有结果，但耶稣会得到一份教育临时许可证，有效期为30年。自此，学校又迎来了新一次的辉煌。但在1594年，克莱蒙中学的一名学生行刺法国国王亨利四世，耶稣会被要求为此事件负责，学校老师被解散、被流放，学校被托管，资产被出售。直到9年之后，国王才最终允许耶稣会会士在法国生活。

1606年，耶稣会会士收回了他们对学校的所有权，但条件是不得进行教学活动。会士们没有放弃，随后情况得到了缓和，学校被批准每周可以开展一次神学课，根据1610年8月20日颁布的诏书，学校开始开展其他学科的课程。巴黎大学却被激怒了，他们发起了猛烈的抗议。1611年12月22日，学校又一次被禁止开课。最后，法国议会表示，按1610年的诏书规定，耶稣会必须等到1618年2月15日的最终批准，才能重新开放学校。

2. 国王庇护，学校稳步发展

终于，克莱蒙中学迎来了春天，由于得到法国国王的庇护，在1618年至1682年间，学校一步步走向了顶峰。学校的规模得到进一步扩大，学生数量也得到增加，从1620年的2000名(其中300名寄宿生)到1640年拥有2500名学生，其中不乏贵族阶层的孩子。1674年，法国国王路易十四对学校进行了一次正式访问，并赠送学校一幅油画。1682年，学校得到了至高的荣誉，路易十四宣布将正式赞助这所学校。学校因此得名路易大帝中学(拉丁语名：Collegium Ludovici Magni，法语名Collège de Louis-le-Grang)。从此以后，路易大帝中学一直享有优质的教学资源和良好的声誉，学生数量也保持在3000名左右(其中500名为寄宿生)，它的名气甚至跨越了国界，自创办以来，学校就坚持向全世界开放，至少十分之一的学生来自除法国之外的其他国家。

3. 抗争持续，学校改革创新

1762 年，学校在与巴黎议会和巴黎大学的抗争中失败，随着拉瓦雷特神父(le père Lavalette)的破产，负债落到耶稣会头上。耶稣会的成员们将这件事闹上了巴黎议会，却遭到了一系列的厄运。路易大帝中学的旧账新账被一起清算，并于同年 5 月 3 日，收到了官方通知，要求立即遣散学生和老师。耶稣会会士被放逐，学校的反抗者占领了这所古老的校园。除此之外，1763 年 12 月 21 日的诏书宣布，批准将该学校作为“巴黎大学的首府”。大学校长、名誉教授等搬进了学校。

之后，法国国王路易十五成为路易大帝中学的第二创始人。巴黎所有小型学校中享受奖学金的学生被召集到学校，路易大帝学校重新开始教学活动。从此，学校的大门上便雕刻上了路易十四和路易十五的肖像。同样，根据 1763 年的诏书，在路易大帝中学建立了法国中学历史上第一个“行政办公室”，承担临时行政管理的任务。

虽然和大学校长分别掌管圣雅克路上的校园，路易大帝中学的新校长却一直酝酿着进行一次教学改革。这个改革如果一推行，必会引发巴黎大学的抗议。1766 年 10 月到 12 月期间，他在学校里设立了教师会考，还在学校筹建了一个“师范学校”即法国巴黎高师①，用来准备教师会考。受到这个改革的刺激，巴黎大学发起了一场长达 12 年的对抗。路易大帝中学最终获得了胜利，学生数目逐渐增多。学生从该校毕业后，可以选择进入师范学校准备教师会考，可以选择理工科学校，还可以选择医学、法律、神学等。学校里还设有一个东方语言学院，教授土耳其语、波斯语、阿拉伯语。

---

① 巴黎高等师范学校在 1849 年搬到乌尔姆校区之前，在路易大帝中学运作了 80 年。

（二）和法兰西一起成长：在动荡中强大

1789 年，法国大革命爆发，除了路易大帝中学之外，巴黎其他学校都关闭了。革命爱国热情也感染了路易大帝中学，1790 年，150 名学生冲上了保卫祖国的前线，并受到了议会的表彰。但自 1792 年到 1794 年，3000 名士兵占领了这所刚被命名为“平等学校”的部分校园。随后，又演变成一所政治监狱，里面关押着即将被送往断头台的受害者们。1794 年，学校内建立了一个容纳 500 名工人的车间，用于举办革命委员会会议。

1797 年，学校改名为“奖学金中心学院”（Institut central des boursiers），并重新聚合了巴黎的四十所学校残部。1789 年，学校改名为“法国陆军子弟学校”（Prytanée Français）。1800 年，学校被命名为“巴黎中学”（collège de Paris）。拿破仑效仿路易十四世、十五世、十六世，于 1801 年对学校进行了访问。1802 年，在时任内政部长沙普达尔（Chaptal）的建议下，学校改名为“巴黎高中”（lycée de Paris），这是法国第一所以“高中”进行命名的学校。进入法兰西第一帝国以后，学校更名为“帝国高中”（Lycée impérial）。

从此以后，随着法国政体的更迭，校名也开始了不断地替换：波旁王朝第一次复辟时为“路易大帝高中”；第二次复辟更名为“路易大帝皇家中学”（collège royal de Louis-le-Grand）；1831 年，取消了校名中表示路易大帝专有的介词 de 被取消；1848 年的革命中，学校的“皇家”称号被取消，校名回到“路易大帝高中”；进入短暂的法兰西第二共和国，学校的老师和学生建议政府将校名改为“国家高中”（lycée national），但他们的意见没有被采纳，学校更名为“笛卡尔高中”（lycée Descartes）；但是从 1849 年起，学校又回到“路易大帝高中”的名字；第二帝国期间，学校改名为“路易大帝帝国高中”（lycée impérial Louis-le-Grand）；自 1870 年到 1873 年，进入第三共和国，学校又改为“笛卡尔高中”。最终，于 1873 年 3 月，学校确定下校名“路易大帝高中”，并沿用至今。

从上可以看出，路易大帝高中的历史，就是和外界不断抗争、自身创新发展的战斗史，这种力量和信念经过一代代的传承，造就了学校的自信和勇气，学校一直走在教育改革的前沿。同时，同样的精神也传到了学生身上，这里的学生不怕困难，不屈不挠，给学校创造了诸多佳绩。

（三）旧貌换新颜：学校精神亘古不变

1885 年到 1893 年，以历史上保留下来的校园为中心，路易大帝高中开始了陆陆续续的重建工作。1950 年底，学校重建了宴会厅和课堂；1970 年底，学校完成了宿舍、厨房、食堂建设；1995 年进行一次大规模的翻新工作，使得路易大帝高中有了现在的面貌。目前，学校分为两部分——莫里哀院和维克多雨果院，之间相隔一个小花园。学生宿舍就在校内，能容纳 400 个学生。校内具备各种先进的硬件设备，如现代化的实验室、电脑房、图书馆、锻炼室、音乐厅等。除了学习场所，学校还有很多休闲、艺术场所，比如咖啡厅、雕塑馆等。学校学习氛围好，课外活动也非常丰富。学生组织了棋社、诗社、杂志社、摄影社等，学校还拥有自己的管弦乐队和合唱团。

这个法国最富盛名的学校，培养出一大批优秀的人才，他们的成才与学校有着密切的关系。但是，学校并不沉浸于此，也没有停止向前的脚步。正如学校告诫学生的一样，进入路易大帝高中，不是因为它的声誉，而是为了让它声名远扬。

二、全面丰富的课程体系

为了满足不同学生的学习需求，路易大帝高中的课程体系很全面，有高中普通班、技术班课程、大学校预备班课程，必修、选修、任选一应俱全。同时，学校的课程并不是一成不变的。作为一所有着革命传统的学校，路易大帝的办学哲学一直走在教育改革的前沿。为了适应时代发展和国家政策,学校的课程体系也在不断完善。①

(一) 高中部课程

路易大帝高中的三个年级一共有 25 个班。

其中,高一班级(法国称“二年级”)②有 7 个班,每班平均 35 人。在法国,高一属于定向阶段。在这段时间,学生可以认真思考,给自己找到定位,因此各班之间没有太大差别。高中从第二年开始分科,分为文科和理科③。高二和高三年级都分别有 9 个班,主要以理科为主。学校设有 1 个文科班,大约 25 人;1 个科技产业和可持续性发展班④,大约 20 个学生;其余的学生则被分在 7 个理科班里。理科班包括 1 个工程科学班(SI)和 6 个生命与地球科学班(SVT)。各班上课、放学时间并不统一,以课程表为准。一般来说,课程从早上八点开始,下午六点结束。周三下午、周六下午和周日全天放假(有些班级周六上午也没有课程)。

每个学生都要上两门现代语言课,也就是第一外语和第二外语。第一外语包括英语、德语、西班牙语,第二外语包括中文、俄语。除了这两门外语课程,学生还可以选择校际之间的语言课程,包括路易大帝高中开设的阿拉伯语、越南语,亨利四世高中开设的意大利语,以及两校合开的希伯来语。除此之外,学生还可以选择拉丁、希腊语、希腊语入门,作为探索课程或第三语言课程。虽然第三语言是任选课,但对于计划高二就读文科班的学生来说,这些语言的修习是必要的。

同时,随着时代的开放、欧洲的发展和经济全球化,掌握多门语言、实现跨文

---

① 本调研的课程数据来自于路易大帝高中 2012—2013 学年第一学期课程表。

② 为了简便,下文皆使用我国对应的年级来说明。

③ 法国高中分科分为文科、理科和经济与社会科。路易大帝高中暂不开设经济与社会科目。

④ 从 2011 年开始,路易大帝高中联合其他三个巴黎高中,在高二、高三开办了技术班:科技产业和可持续性发展班(sciences et technologies de l'industrie et du développement durable, STI2D)。

化的理解，对学生来说显得非常重要。为了顺应这一潮流，学校开设欧洲部和东方部。欧洲部针对于想在英语能力及文化学习上达到高水平的学生，高一 6 班就是欧洲部。从高二开始，欧洲部的学生可以选择文科班或者理科班（理科仍就读于 6 班）。东方部只接收至少学习过两年中文、并想继续学习的学生。一般来说，东方部的学生高一时分散在 2 班和 3 班，高二开始可以选择文科或理科，只在参与特色课程时集中。

这个项目的特色是：

1. 强化外语学习：相对于其他学生，每周额外增加一个小时英语或中文学习时间。

2. 开设使用该外语授课的一门非语言科目：欧洲部每周接受一个小时英文教授的历史地理课，东方部每周安排一小时的中文数学课。欧洲部的学生还会参加剑桥英语考试，通过者可获得英语初级或高级证书。这两个部门会组织学生参加文化活动，参观国外学校，并进行交流学习。当然，这些活动也向项目外的学生开放。学校与美国、新加坡、德国、匈牙利、中国等学校有良好的合作关系，会定期资助学生进行交流。

1. 高一

普通班课程包括法语、数学、物理化学、历史地理、生命与地球科学、两门现代外语、一门必修探索课、一门选修探索课、一门有助于个性化发展的课程、体育，每周至少上课 28 小时 30 分钟。对于欧洲部和东方部的学生来说，除了上普通班的课程之外，还需要上项目内要求的外语课程和非语言课程。

个性化发展课程的原则是支持、深化、方法指导和定位指导。教师根据不同班级情况和学生需要，每周额外教授两个小时法语或数学。课程包含了多样化的活动，可以帮助学生适应高中课程，并为下一阶段的学习打好基础。

探索课开设的目的，是为了帮助学生在学习中找到自己的爱好和方向。但这并不是说选了某门探索课，就定下了高二分科的方向。探索课每周两门，分为必修和选修。必修探索课为社会经济学或经济和管理基本原则，而路易大帝高中将这两门课合二为一。选修课有工程科学、科学方法和实践、科学与实验室、文学与社会、拉丁语和希腊语。除了拉丁语和希腊语是三个小时之外，每门课两小时。除了探索课可以由学生选择之外，还有一门任选课，科目主要是第三外语课程。第三语言类有现代语言和古代语言。

学校也非常重视学生的身体健康和多方位发展，开设了丰富多彩的体育课，如排球、体操、体育舞蹈、乒乓球、1500 米长跑、篮球等课程。

2. 高二

当高一的课程结束之后，学生将自行选择分科。相较于高一的课程来说，高二的学习更加困难和专业。

所有理科班的学生，都要继续学习法语、数学、历史地理、物理化学、两门现代语言、体育。除了这些课程之外，他们还要接受一门有指导的研究性课程（les travaux personels encadrés）。这堂课每周两个小时，课程内容主要是分小组探究问题。这些问题都是跨学科的，相关的主题有道德与责任、健康和幸福、个体和整体、超前科学与现实技术、方法与形式等。课程的目的是增强学生的自主能力，提高研究、收集资料的能力和解决问题的能力。

理科班又分为工程科学班（SI）和生命与地球科学班（SVT），这关系到他们毕业会考的科目。根据分班的不同，除了以上的基础课之外，他们还要学习自己的专业课。地球科学班的学生，不再学习工程科学，每周学习三个小时的生命与地球科学专业课程。工程科学班的学生每周学习八个小时的专业课，同时他们也要接受三小时的生命与地球科学课，只是内容比专业班简单些。如果学生将来想进入数学物理预备班，或物理化学预备班，建议选择工程科学班；如果想要攻读卫生学（医学或药学），或生物学类预备班，比如 BCPST（生物、化学、物理和地球科学），则建议选择地球科学班。其中，理科 1 班是进度最快的班级，7 班是进度最慢的班，都属于地球科学班。其中，工程科学班为 5 班。每周额外教授一小时数学、一小时物理、一小时法语。

文科班学生每周的基础课程有法语、数学、历史地理、两门现代语言、体育。对于他们来说，古希腊语和拉丁语的修习是必须的。文科班不再上物理化学课，但需上一门科学课。另外，他们也有一门个人课程和专业课程。文科研究性课程的主题有道德与责任、健康和幸福、个体和整体、英雄和人物、历史与现实、聪明与智慧等。文科的专业课有文学课、文化概论，以及一门外语文学课，包括英语文学、西班牙文学、德语文学。

科技产业和可持续性发展班的基础课程有法语、数学、两门现代语言、物理化学、历史地理、个性化发展课程和体育。他们的专业课有横向技术教育(enseignements technologiques transversaux)、数字和信息系统(systèmes d'informations et numériques)和第一外语技术教育(enseignement technologique en langue vivante 1)。

高二结束时，会有一次“预考”(épreuve anticipée)，预考科目包括法语笔试(4 小时)、法语口试(20 分钟)和研究性课程口试(30 分钟)。理科预考科目还有历史地理笔试(4 小时)，文科有科学笔试(1 个小时 30 分钟)。对于路易大帝高中的学生来说，他们中大部分都准备高中毕业后，进入大学校预备班继续学习。预考的成绩和平时表现将会成为入学的参考，因此这一年对于他们来说，是非常紧要的。

3. 高三

如果说高二的预考只是一个参考，高三的会考成绩和表现就是升学的直接依据。高三课程及班级设置，和高二基本保持一致。但是经过预考之后，高三学生不再学习法语，也不再有研究型课程或个性化发展课程，而是增加了一门哲学课。此外，专业课也有一些变化。理科班在高二课程的基础上，缩短了历史地理课程的时间；文科班不再学习科学和文化概论，增加了一门当代社会法律和大挑战课程；科技产业和可持续性发展班去掉了历史地理、横向技术教育、第一外语技术教育课，增加了数字和信息系统课程时间，新开设一门信息和通讯科技。

高三结束时，所有科目都有考试，考试方式有笔试、口试和实践。根据所学科目，学生将参加不同类型的考试。高三是决定未来方向的一年，学生不但要准备会考，更重要的是，要考虑会考之后想要做什么。路易大帝高中的会考通过率高达 99%以上，50%以上的学生得到"很好"的评语，30%以上的学生获得"好"的评语。因此会考对于学生来说，只是最基础的一步。学生们获得不同的文凭后，将继续新的人生旅程。

（二）大学预备班课程

和高中一样，预备班的教育也是路易大帝高中的一大特色。学校的预备班分为理科预备班、文科预备班和商科预备班。其中，理科预备班中有 6 个一年级班，每个班平均 45 人，包括 4 个数学物理工程科学班（MPSI）、2 个物理化学工程科学班（PCSI）。9 个二年级班包括 4 个专业数学物理 *（MP *）[①]、3 个专业物理化学班 *（PC *）、1 个数学物理班（MP）、1 个专业科学与工程物理班 *（PSI *）。文科预备班有 2 个一年级班和 2 个二年级班，商科预备班每个年级 1 个班。在第二年学期末，学生们将参加竞争性考试，以进入自己心仪的高等学校。

1. 预备一年级

理科预备班一年级的学生，开设有基础课数学、物理、法国哲学课、两门现代语言课和体育。另外，根据不同的分班，学生所学的侧重点也不同。

数学物理工程科学班的学生，主要以数学为主，平均每周有 12 小时的数学

① 加 * 的班级是专为准备高等师范学校和巴黎综合理工学院的学生开设，教学内容比没有 * 的班级更加深入。

课，其次是物理课。除此之外，学生可以选择专业课，包括数学、信息学、工程科学和有指导的主动研究性课程（Travail d'initiative personnelle encadré，这门课与高中的研究性课程是同一体系的）。物理化学工程科学班的学生，以物理课和化学课为主。从第二季度起，学生可以选择化学、信息、工业科学和创造性课程。

文科一年级的学生，每周上课 22 小时。课程有哲学、法语、历史、地理、一门现代语言、希腊语或拉丁语、体育。选修课有古典文学、现代文学、第二现代语言课、社会经济学、数学和一门艺术类课程（戏剧、电影、音乐、雕塑等）。

商科预备班的学生，要求擅长数学、文笔好。他们每周上课 30 小时，有六个科目——数学信息课、经济历史和地理、法语和哲学、两门现代语言、体育、经济学导论（或文化导论）。他们每周还有问题解答课。

2. 预备二年级

预备班二年级的课程和一年级大体一致。

理科二年级预备班，每周平均上课 32 小时。它的分科比起第一年来说，更细、更精确。数学物理工程科学班和物理化学工程科学班的学生，可以选择进入科学工程物理班 *[①]，但是数学物理工程科学班由于没有开设化学课，不能选择物理化学班 *。同样，没有强化数学学科的物理化学工程科学班，也不能选择数学物理。数学物理注重数学、物理学习；物理化学班注重物理、化学学习；PSI 注重物理、数学、化学的学习。唯一不同的是，添加“ * ”的班级增加了一门问题解答课。

文科二年级的课程在第一年的基础上，增加了一门历史评论课。文科预备班的学生，大都准备报考高等师范类学校。因此，根据学生要报考的学校，他们将参加不同的考试。

路易大帝高中商科预备班二年级的学生，主要报考学校是巴黎的三所商学

① 如果想就读 PSI *，建议一年级选择 MPSI。

院：巴黎高等商学院（HEC）、法国埃塞克工商学院（ESSEC）、欧洲管理学院（ESCP－EAP），以及外省的三所商学院：里昂商学院（EM Lyon）、法国高等商学院（EDHEC）、南特高等商业学院（AUDENCIA）。每个学校的入学考试科目都不尽相同。

三、多种多样的学业评价

路易大帝高中和法国其他高中一样，没有期中和期末考试。但是小考、测验不断。各科考试的时间由老师自己安排，测验的形式也是多种多样的，比如笔试、口试等。每次的测验分数都会被任课老师记录，在学期末算出各科的平均分。这个分数对学生很重要，但是对他们更重要的，是在成绩评定会（conseil de classe）得到的评语。学校将每一学年分为三个季度，每个季度结束，便会有一次成绩评定会，它涉及到对每个学生（包括预备班）的评定。评定会以班级为单位召开，由校长或副校长亲自主持，班级里所有任课老师均需要到场。此外，现场还会有两名家长代表和两名学生代表参加。家长代表的作用是，代表家长发表对学校教学和管理的意见。学生代表的职责是维护学生利益，为被批评的同学辩护，同时也可以反馈学生对老师教学的看法。每个学生的成绩和表现都要在这个会议上讨论。会议要求所有老师都参加，当念到一个学生名字后，每个老师要发表自己对学生的意见。因此，对学生的评价是全面的，而不仅仅是班主任或某个老师的个人意见。会议结束之后，家长将收到学生的成绩单和老师评语。如果没有紧急情况，学校一般不会主动联系家长；如果学生学习有困难，或在学校行为不端，家长就会收到学校要求面谈的信息。

对于想要升学的高中生，最关键的考试就是高中毕业会考，这将关系到他们未来的职业和生活。高三年级的学生，从学期一开始，就要为会考做最后的准备了。第一季度每年一月到三月，是学生会考报名的时间，这只是会考的第一步。第二步是递交材料，也是在三月份进行。每年的六月，将进行全国统一考试。会考成绩在七月份公布，高中毕业生以自己高中三年的成绩单、评语和毕业会考成绩申请学校。而对于预备班的学生来说，竞争性考试则是他们进入高等学校学习的基本凭证。从二年级第一季度开始，就要开始去各个大学校注册参加竞争性考试了。最后的考试将在五月份(笔试)、六月份(口试)进行。同样，竞争性考试的成绩也在七月份公布。

四、健全的学校管理与家长组织

在法国，教育不仅仅是学校的事情，也是学生、家长、所有关心教育的人士乃至整个国家的事。高中学校机构主要由以下几方面构成：[①]

1. 管理团队。包括校长、校长助理、管理助理、研究部主管等。

2. 行政委员会。一般有30个成员，其中三分之一来自学校，三分之一来自在校学生和家长、剩下部分是当地行政教育代表和具有相关资历的代表。他们的任务主要是讨论学校相关事宜，修订学校预算、计划和组织规则等。

3. 教育团队。

4. 成绩评定委员会。

5. 健康和公民教育委员会。

---

① 法国路易大学高中学校机构介绍. http://www. education. gouv. fr/cid215/le-lycee-enseignements-organisation -et-fonctionnement. html. 2017 - 4 - 20.

6. 学生代表大会(每班推选 2 名学生)。

7. 学生家长。家长是教育上很重要的一环,在学校教育中发挥不可替代的作用。家长除了通过通知单知晓学生的学习情况和表现外,还可以通过家长会直接和老师沟通。家长会一年召开一次,并不是老师在台上讲、家长在台下听这样一种单方面的信息传递,而是双方相互沟通。

从这个结构来看,校方管理层对学校的权力是受到监督和限制的。这个制度也体现了法国自由、民主、平等的国家信条,学生才是学校的主体,而校方是为教育服务的国家公务人员。在这种群策群力、透明公开的氛围里,教师专注于教学,学生专心于学习,家长和学校的沟通有效率,学校才能得到更好地发展。

除了以上的机构,在法国公立中学里还有一个值得注意的现象:学生家长自发加入家长组织,积极参与学校建设。路易大帝高中的学生家长也不例外,学校主要有两个家长组织——公立学校家长协会(Fédération des Parents d'Elèves de l'Enseignement Public, PEEP)和公立学校家长建议委员会(Fédération des conseils de parents d'élèves des écoles publiques, FCPE)。PEEP 是路易大帝高中最主要的家长组织[①]。PEEP 的主要任务是为学生提供信息,方便学生的校园生活,举行招聘日、职业会等活动,邀请大学校和大学工作人员参加,为学生的专业选择提供建议,为学生提供日常帮助等。FCPE 是非宗教的,是政治、经济独立的组织[②]。委员会的宗旨包括更好地了解教师的要求;与时俱进地理解高中教改;加强家长间的联系与交流,指导家长怎样才能更好地帮助孩子适应高中学校生活,以帮助孩子得到更好的教育。协会的主要工作有:每个月召开一次公开会议,讨论这段时间内遇到的问题;每个季末,就成绩评定会开一次会议,帮助家长理解通

---

① PEEPLLG. http://peepllg.fr/. 2017-03-05.

② FCPELLG. http://fcpellg.fr/. 2017-03-05.

知书上的信息，告诉家长应该注意什么；为学生制定参考计划，建议他们每个阶段应该做什么；为学生分科定向提供咨询等。这两个组织之间并没有竞争关系，它们的存在都是为了更好地服务于学生和家长。

路易大帝中学作为法国著名的中学，在困难和挫折中积极追求向上的精神、针对每个年段的学生开设的全面而又有选择性的课程体系、多种多样的学生评价、支持学校发展的家长会等，都值得我国中学借鉴。北京四中和上海中学等名校都与它保持良好的交流，建立了深厚的友情。但目前国内对路易大帝中学的办学经验的研究并不多，因此，对路易大帝中学的深入研究是很有必要的，有待继续挖掘。

第七章

“芬兰中学教育的典范”——芬兰罗素高中人才培养模式分析①

芬兰罗素高中(Ressu Opper Secondary School)创建于 1891 年,位于芬兰首都赫尔辛基市中心,已经有 100 多年的历史,建校的最初目的是培养进入商业、工业和政府机构的男生。历时百余年的改革及建设,目前罗素高中已经成为一所男女兼收的国际化学校,拥有约 700 名 15—18 岁的学生和 60 名左右来自世界各国的教师。学校具有优良的文化传统,在国际上享有较高的知名度和美誉度,被称为“芬兰中学教育的典范”。本世纪初罗素高中成为授权的国际文凭学校,同时,学校也有一批跨国性的研究项目。该中学和世界上许多国家的中学有着密切交流,并和哈佛大学、牛津大学、索邦大学、伦敦政治经济学院等著名高校保持着往来。接下来本章将逐一分析学校的办学实践经验。

图 1-7-1　罗素高中一瞥

一、重视传统、自主选择的办学理念

芬兰高中教育的定位是“培养综合素质高、个性健康、全面发展、有创造力和合作精神、能够独立探求知识、热爱和平的社会成员”，罗素高中以其卓越的办学特色成为其中的优秀代表。罗素高中有着明晰的办学理念：恪守传统，自主选择，放眼未来，国际视野。学校重视学生形成容忍、合作、自主、有担当的共同价值观，教学目标是为每一个学生播下知识、技能和洞察力的种子，让学生学会学习、学会做事、学会生存、学会与人共处。近些年来，罗素高中在发扬优秀历史传统的基础上紧跟国际教育改革的步伐，在传统与现代之间保持和谐一致。

二、宽松和谐的学校精神与氛围

罗素高中的校园氛围宽松，各种建筑和设施的功能也从方便学生学习的角度出发，一切以学生为本。在这样的环境中读书学习，给学生以美的熏陶和艺术的享受。罗素高中的学生给人的感觉是乐观向上、能歌善舞、富有创意和活力。学校到处摆放着供学生读书学习的桌椅，非常方便师生之间的交流，有利于学生开展各种各样的活动。教学楼每层的走廊上都摆放着小桌椅，桌上放有电脑。学生在此选课、看书、上网、娱乐，相当方便，营造出了“处处是学习之地”的氛围。

在罗素高中的课堂教学中，学生和教师的关系是非常融洽的，在课堂上学生可以提出自己的观点，教师听取学生的看法后，会加以分析并提供参考建议。学校认为教师不只是知识的输出者，还应该是对新知识、新观点起“催生”作用的“助产士”。教师在课堂上要做的就是帮助学生认识自己的思想，使他们成为能够独立思考的人。这种批判、自由的课堂文化对学生的创新思维形成是大有裨益的。

以下理念和精神已经渗透进每个罗素人的心目中：①

学校环境温馨，这是一个很好的学习共同体，大家积极互动、对话交流，这里没有呵斥和强迫。

美妙的朋友、高品质的教育，这是上帝给我们的奖励。

教师是优秀的，学生是优秀的，这里的一切让你感到与众不同。

教育是在轻松、有趣、尊重的氛围中进行的。

兴趣是求知最重要的驱动力。

我们与周围的社区融为一体，这里的大部分课程是国际化的课程。

这里的一切井井有条，这里有很好的学习气氛，这里正在进行着充满智慧的和富有成果的讨论。

教师有兴趣、有能力为学生创造一个美好的未来。

这是一个寻找真理和发现个性的地方，记住这里的时光吧，把快乐和智慧带走。

优秀的年轻人，谢谢你对我们的信任！

当你离开的时候，你会衷心地说：“这是一个好地方”。

死记硬背没有引起心灵触动的知识只会成为负担，消化掉的知识才是你自己的知识。

① 何树彬.罗素高中：芬兰高中教育的典范[J].上海教育，2009(11)：40—43.

三、让学生有发现的喜悦：多样的模块化课程设置

为方便学生选课学习，罗素高中将所有学科按照领域、课程和模块三个维度，分为母语和文学、数学、外语、生命科学、宗教和哲学、环境科学与自然科学、工艺品和艺术等13个领域，下设物理、生物、音乐等38门课程，每门课程按内容分为3—15个模块，总计300余个模块。不同课程中模块的划分有两种方式，一是循序渐进，以母语和文学为例，10个模块分别为"文字和语言"、"作文的结构和意义"、"写作的方法"等；二是分门别类，以数学为例，15个模块分别为"函数和方程"、"多项式"、"几何"等。每个模块为一个学习阶段，学生可按需选择学习。

新学年伊始，学校都会发给学生一本《课程设置手册》，手册包括对课程的总体介绍、课程安排、各科详情、任课教师、选修必备条件等。学生可以根据自身情况和各自不同的兴趣爱好，在课程顾问的指导下制定自己的课程学习计划。罗素高中要求学生在高中阶段必须要完成至少75个模块的学习，其中必修占47个，选修占28个。如果学生有兴趣、有时间，也可以修更多的模块。为满足每学期学生的毕业需求，罗素高中每学年都开设所有必修模块。教室的安排与课程模块和参加学生人数挂钩，因此，经常看见不同年级的学生坐在同一个教室里，接受同一位老师的教学，完成同一门考试。

为了保证教学质量，每学段参加同一个模块的学生人数控制在45人以内。为了让学生更好地选择课程，每学年的前两周为试学周，如果学生上了两周的课程发现很不适应，可以退选本课，并重新选择其他课程学习。

罗素高中开设有100多门选修课，让学生在选择中增强自主学习能力，让学

生在选择中有发现的喜悦。[①] 另外，罗素高中非常重视外语教学和体育教学。将外语作为核心课程，开设德语、日语、汉语等十几种外语课程供学生选择。一般高中生都能掌握2—3门外语，顺应了国家对国际化人才的需求。

四、丰富多彩的课外活动

罗素高中校长阿里·霍卫宁(Ari Huovinen)认为："高中教育的效果是与学生在校园里度过的时光以及学生参加各项活动的质量成正比的。"[②]罗素高中非常强调学生参与社团、从事课外活动的重要性。学生可以参加各种各样的科学和艺术课外活动，如学校报社、国际象棋俱乐部、戏剧团体、合唱团、管乐团等数十个社团。学生在参与的过程中逐渐形成自我管理、自我教育、自我发展、自我约束的基本素质，并提高自身领导能力、工作能力以及创新能力等。

罗素高中每年会在校园里举办一场春季交易会，俱乐部中各团体可以在会上展示自己的产品。交易会上，还有团队展示传统手工艺品、创意文化衫、自制饮料等。前来交易会参观的不仅有学生、老师，还有家长与普通市民，每年的这个时候，罗素高中的会展厅就像超级市场一样热闹非凡。

除了传统体育，学生也可以选择其他活动，如攀岩、射箭、帆船、高山滑雪或跳舞等，以保证学生拥有健康的体魄和竞争意识、冒险精神。罗素高中的国际象棋俱乐部非常有名，各类球队也在国际上多次获奖。

---

① 徐星.在课程改革和实施中发挥校长领导力[J].上海教育，2010年(22)：30—31.

② 何树彬.罗素高中：芬兰高中教育的典范[J].上海教育，2009(11)：40—43.

五、不分年级制的教学安排

在2006年经济合作与发展组织(简称OECD)学生能力国际评价项目中显示，芬兰学生在科学和数学学科中成绩排在经济合作与发展组织国家学生的榜首，阅读方面排在第二。获得这样的成绩源于芬兰20世纪80年代发起的基础教育改革。1999年1月1日，芬兰颁布了《高中教育法》，旨在打破千篇一律的被动接受的教育模式，将原有的三年制高中改为不分年级制的教学模式，培养学生主动学习和自主发展的能力。掀起这场颠覆性学制改革浪潮的正是被誉为"芬兰中学教育典范"的罗素高中。早在1987年，罗素高中就率先打破年级制，采用"不分年级制"的课程结构，并大获成功。相比较于固定的三年学制，罗素高中将学制设定为可伸缩的2—4年。

除国立节假日，每学年为190天，划分5个学段，每学段持续38天，每学段结束后的8天为集中考试时段。如果没有通过本时段的考试，或是因为某些原因缺考，学生可以在下一个考试时段跟随下一届选修这门课程的同学补考一次，如果再不通过，则需要重修此门课程。虽然每门课程学完时都需要进行考试，但好在考试形式多种多样，开卷考试、撰写报告、完成实验，甚至连学生参加社会活动和自我管理活动的表现也都计入学分。罗素高中规定每名学生每学段最多修读8个模块，因此，每学年最多可通过40个模块。但实际上学校不推荐学生为了赶进度而玩命学习，而是认为学习需要"迈着稳健的步伐"。因此，罗素高中给学生提供了毕业规划参考，每年要求通过5—30个模块。事实上，学习进度快，且没有其他安排的学生最短可以花2年的时间完成学业，大部分学生需要花3年时间，少数学生则需要4年。

值得一提的是，罗素高中每天最多只安排5节课，每节课75分钟，这是罗素高中对学生注意力集中时间进行研究的结果。① 研究表明，15—18 岁的青少年，已经具备一定的自我控制能力，在不受外界严重干扰的情况下，将注意力集中在某一事物上的时间，比原先认为的 45 分钟要长。另外，75 分钟的学习时间，可以让学生不间断地接受更多的知识，让老师要讲授的内容也更丰富、全面。

六、学生参与的管理体制

由于不分班级，罗素高中的学生管理主要依靠学生自己。学校将学生按照进校时间分为管理小组，每 20—30 人为一组，一名老师作为辅导教师，负责组织学生每周四召开例会，传达学校的教学计划，并且组织学生参加学校集体活动，帮助个别有需要的学生解决问题等。每年大约有 20 位老师担任辅导教师。

而每个"一年级"学生管理小组中除了一名"辅导教师"以外，还要配备一名"学生辅导员"，一般是"二年级"以上的学生担任。有意向的"高年级"学生向学校提出申请，经过面试，成为"学生辅导员"，帮助"辅导教师"为学弟学妹提供生活、学习方面的咨询。

罗素高中也鼓励学生参与学校的决定，学校各项政策的出台都会首先征求学生意见。不仅在校董会 10 个席位中有 2 个席位属于学生代表，在每年的全体教师大会中，也要选取 2 名学生代表参加，这意味着学校课程的开设与否和设计内容决定都有学生全程参与。

除此之外，学生还成立学生会组织，其领导成员通过公开竞选与全体民主选举产生，选出的学生会领导成员代表全体学生与学校管理层进行交流和沟通，为

---

① 徐星. 在课程改革和实施中发挥校长领导力[J]. 上海教育，2010(22)：30—31.

学生谋求福利。

七、重视激励的多样评价

罗素高中重视评价对学生的激励作用，其特征主要表现如下：①

评价不只是要奖励强者，或者听话者、顺从者，还要激励后进者，特别是促进那些具有不同特长的学生的发展。同时，还要重视个人的内部差异评价，即不仅要在学生之间评价，还要重视学生不同阶段发展差异的评价。评价不只注重结果，还要注重过程，学校非常重视对学生发展过程的评价。

评价的标准包括学习动机、情感等方面的发展，即不仅要关注学生智力因素的发展，还要关注学生非智力因素的发展。评价的方法不仅仅是通过考试来对学生进行评价，还要通过论文、实验等方式。

不仅关注教师的评价，还参考其他评价，如来自社会的和家长的评价。

罗素高中通过富有成效的评价模式，发挥学生的主体性，培养学生终身学习的能力，为学生进一步主动获取知识技能并获得终身发展创造条件。

八、高度竞争力的教师岗位

在芬兰，教师是十分受尊重的行业，社会地位和薪酬待遇都与国家公务员无二。罗素高中的教师都是研究生以上学历，录取率为 1/3。罗素高中教师的素质

---

① 何树彬. 罗素高中：芬兰高中教育的典范[J]. 上海教育，2009(11)：40—43.

整体较高，有先进的教学理念，相当一部分教师自己编写教科书。很多教师都能够自己开发教学软件，并将其运用到自己的课堂教学中去。教师非常尽责，校园里经常可以看到三三两两的学生围着教师交流问题。

每年 2 月之前，老师在校长的带领下开展课程设计，编制本年度的《学年计划书》。他们的任务是按照芬兰教育部颁发的“国家核心课程”与赫尔辛基市教育部门联合制定的课程总目标，根据学校实际，设计适合于学生整体规划的所有课程。同时还要设计本年度将要举办的讲座、培训的内容和类型，以及与哪些国家的哪些学校进行的项目合作。例如，罗素高中与中国的北大附中每年都要进行艺术、体育、科学、语言为特定主题的合作交流。

罗素高中鼓励教师之间的观摩与交流，通过互相学习，形成教师学习共同体。罗素高中经常派教师参加国家的重要培训项目，敦促教师不断更新自己的知识结构和理念，走在同行的前列。

九、广泛的社会支持

罗素高中非常重视与其他学校及政府之间的合作，秉承合作开放的办学思想，彼此建立合作关系，实现资源共享，为保证学校的可持续发展提供了良好的外部环境。

由于芬兰社会各界形成了重视和信任教育的氛围，对教育的各项改革比较有热情，并予以大力支持。因此罗素高中处在这样一种和谐文化氛围里，政府和家长深信罗素高中能为国家的下一代提供尽可能好的教育，罗素高中受到公众的普遍信任和尊重，这就促使具有高度专业水平和良好道德素养的教师乐意承担起新的责任。在“信任文化”的影响下，学校被赋予了高度自主的教育改革领导权，能够设计属于学校自己的改革策略，包括教育远景规划、实施方案和规则等。罗素高中可以充分利用外部教育资源，为学生的发展提供更为宽阔的平台。同时，罗素高中也深受附近社区的信任，学校与所在社区形成了积极的互动，这也是其各项创新政策得以实施的重要原因。

罗素高中充分利用大学的师资、实验室等资源，帮助学生制订个性化的研究方案，有的学生甚至已经能够独立地进行课题研究。学校竭力为学生提供相应的平台，为学生提供高水平的引导，充分挖掘学生的潜能，使学生成为研究型、创新型人才。罗素高中还有一个学校和家长协会，该协会的目标是以不同的方式来支持家庭与学校合作。该协会收取会员费的资金以及各种活动的收入全部被用来支持学生参观考察和社团活动，为学生“走出去”提供了强有力的资金支持。

多年来，芬兰的中学教育尤其是罗素高中的教育一直得到世界各地人们的赞扬和认同，这和学校的办学理念、精神氛围有重要关系。更离不开全社会对教师的尊重、教师对学生的尊重，多样的评价旨在激励学生更好地发展自我，弹性灵活的教学制度有助于学生个性化地选择，这些都是值得我国中学借鉴之处。

[1] 何树彬. 罗素高中：芬兰高中教育的典范[J]. 上海教育，2009(11)：40—43.
[2] 王慧. 芬兰罗素高中探秘[EB/OL]. http://www. xzbu. com/9/view-3722929. htm. 2017-04-26.
[3] 卢枫任新军. 芬兰高中的“无班级授课制”[N]. 中国青年报，2002-1-1.
[4] 徐星. 在课程改革和实施中发挥校长领导力[J]. 上海教育，2010年(22)：30—31.
[5] 张瑞海. 芬兰高中课程改革的考察报告[J]. 世界教育信息，2004(5)23—26.

第八章

引领人生，成就女性领导力——澳大利亚墨尔本女子中学人才培养模式分析

2012年7月，本项目负责人和团队人员一起，前往澳大利亚墨尔本女子中学进行了为期一天的访问，结合文献分析和实地考察，现将墨尔本女子中学的人才培养模式梳理如下。

图1-8-1　墨尔本女子中学一瞥

一、一所致力于培养女性领导力的学校

墨尔本女子中学是澳大利亚闻名遐迩的公立女子学校，始建于1994年1月。为7—12年级女子提供接受教育、展现自我的舞台是它办学的宗旨，这也是其三代领导人以及全体

教职员工孜孜不倦追求的价值理念。成立之初的墨尔本女子中学只有学生300人，经过二十年左右的迅速发展，其学生数已增长三倍有余，多达1200余人。与学生人数成正比的是它的成就与声望，无论是在学术成就，还是大学升学率，抑或是职业选择方面，墨尔本女子中学均出类拔萃，这充分反映了该校教育理念和方法的独特魅力。2011年墨尔本女子中学在维多利亚省教育考试VCE（Victoria Certificate of Education）中表现优异，平均分为32分，超过40分的优秀生比例为11.1%，在公立中学中排名16。①

墨尔本女子中学坐落于维多利亚州墨尔本里士满近郊，校园风景如画，毗邻美丽幽静的雅拉河（Yarra River）。其校址原是里士满高中（Richmond High School）所在地，该高中于1992年被肯尼特政府关闭。尽管墨尔本女子中学自创建之始，便以崭新的独立实体形式存在，有着独一无二的使命，但该独立并非完全意义上的独立，其与里士满女子高中（Richmond Girls' High School）、莫尔文女子高中（Malvern Girls' High School）以及里士满高中（Richmond Secondary College）三所院校仍有着千丝万缕的关系，建校初期的大部分员工和生源均来自以上三所院校（这三所院校现均已不存在）。

墨尔本女子中学的第一任校长卡维尔（Cavell Zangalis）原是里士满女子高中校长，他一生致力于教育事业，最大的成就就是在里士满高中这所空壳中创造了现今的墨尔本女子中学。1995年，简（Jan Parkes）担任墨尔本女子中学校长，开始了他长达七年的“执政”时期，在他大刀阔斧的改革下，墨尔本女子中学逐渐发展成为一所兼具创新性与学术性的高中。2002年，朱迪（Judy Crowe）成为该校校长，她继承了前任校长的理念，继续在全校推行改革，除引进全新的课程体系外，

① 墨尔本女子中学（Melbourne Girls' College）简介[EB/OL]. http://www.cg6xue.com/aodaliyagaozhong/gongligaozhong/4664.html. 2013-08-17.

还进行新的设施建设，目前新投入的设施建设有科技馆、图书馆、竞赛级体育场、表演艺术中心（内有音乐、戏剧与舞蹈室）、食堂以及网球场。

墨尔本女子中学谨遵校训，注重追求卓越、团队合作以及寻求多样化，关注每一个学生的学业和生活需求，挖掘并激发学生的领导潜能。总之，这是一所致力于为学生营造最优质的教育体验的学校，是一所致力于为每一个学生提供展现自我、获取成就舞台的中学。

多样化是墨尔本女子中学的一大特点。墨尔本女子中学为海内外以及州内外适龄学生提供平等的入学机会，以保证生源的多样化，其学生有的来自于墨尔本当地，也有的来自于维多利亚州 212 个乡镇，也有的来自于 60 多个海外国家。在这里，不同的文化进行交融；在这里，一颗颗求知的心灵互相碰撞；在这里，思想的火花不停闪耀。2007 年投入使用的吕克昂学习中心（Lyceum Learning Centre）是墨尔本女子中学历史上的一个重要里程碑。完全开放的学习空间、高科技的学习设备，为刚刚入学的七年级学生创造了最佳的学习环境和学习条件。

墨尔本女子中学 2002—2012 年十年中长期战略规划可细分为六项目标：①

1. 开发和培养她们的能力，使其有自信站在世界的顶端，成为真正的领导者。

2. 成为一所创新型学校，致力于改善教与学的动态关系。

3. 积极推进价值观改造，建设强有力、独特而鲜明的学校。

4. 通过扩大网络和扩展合作关系，促进每个成员机会最大化。

5. 创造良好环境，提供相关支持，促进价值观培育，引导员工快速成长。

6. 培养学生，使其成为不断变化的、以技术为中心的世界的重要参与者。

---

① MGC Prospectus. http://www.mgc.vic.edu.au/assets/MGC_Prospectus.pdf. 2017 - 03 - 06.

二、为学生未来成功奠基的课程设置

墨尔本女子中学课程设置的原则是为其学生未来的成功奠基，培养未来社会的领导者。学校每年都不遗余力地对其课程进行修正和改进，它的课程设置不仅注重学生基本技能的培养，为其未来的升学、就业夯实基础，更是关注学生多元化兴趣爱好的培养，使得培养出来的学生不再是“工业流水线”上的雷同成品，而是一个个鲜活的、个性化的新时代女子。目前，墨尔本女子中学开设的课程包括：

1. 语言类：法语、中文、其他语言、英语强化课程；
2. 延伸课程：与墨尔本大学、蒙纳士大学合作为学生开设课程；
3. 特设项目：当地与海外的露营活动；
4. 竞赛：公开演讲、数学、写作、科学；
5. 兴趣小组：乐队、环境、慈善；
6. 领导才能：学生代表理事会、同伴支持初级大使、队长；
7. 加速学习：天资聪慧的学生、大学强化课程；
8. 支持服务：中文/越南语助教、辅导员、就业辅导师；
9. 教学大纲中融入 ICT；
10. 全职留学生经理；
11. VET 课程：酒店管理、社区服务、运动与休闲；
12. 热门运动项目：赛艇、有氧健身、垒球、篮球、曲棍球、投球、保龄球、羽毛球、排球、足球、乒乓球、板球、网球、体操、田径、越野赛跑、游泳、自行车、击剑。

三、激励学生发展的管理制度

为了加强对学生的管理，更好地服务于学生的成长与发展，墨尔本女子中学设置了如下几项学生管理制度：

1. 学舍制度。于墨尔本女子中学的校园生活而言，雅拉河是奇特而重要的存在。学校就坐落在风景如画的雅拉河河岸，这里的学生每天都沐浴在静谧的风光中，呼吸着带着淡淡甜味的空气，感受着迎面扑来的和煦微风。雅拉河在校园生活中的地位重要，学校夹克衫上所佩戴的纹章均是以它作为标志物，紫色、白色、绿色三色条纹的结合，正是英国女子社会政治同盟的标志色。

所有报道入学的新生都将会分配到相应的宿舍楼，每一栋宿舍楼都会有特定的标志色。目前，墨尔本中学内的四栋宿舍楼分别以奇泽姆、里昂丝、梅尔巴、玛丽斯命名，她们都是澳大利亚历史上卓越的女性，以出色的领导力、非凡的勇气以及骄人的成功而闻名遐迩。奇泽姆楼是绿色的，代表生机与成长；里昂丝楼是白色的，代表独立与目标；梅尔巴楼是蓝色的，代表追求卓越；玛丽斯楼是紫色的，代表自尊。每一学年，宿舍楼之间都会进行一系列的竞赛，以促进和鼓励学生之间的团队合作，这对所有的女生而言都是极好的锻炼机会，她们都会踊跃参加，尽情展现自我。

2. 校服制度。墨尔本女子中学制定了十分严格的学生校服管理制度，所有在校学生在校期间都必须身着校服，学校重大节日如便服日等除外。每一位学生都拥有三套校服——夏装、冬装以及运动服，而所有的校服均由蓝白双色组成。夏装是带有白色衣领的蓝白方格图案连衣裙打底，外面则必须穿上带有海军蓝纹章的上衣、海军蓝织花毛衣或新的海军蓝针织套衫，而袜子则必须白色及膝，这样的服装要求在一、四学期穿着。冬装搭配包括白色衬、海军裙、海军紧身衣以及蓝白条纹领带，十二年级的学生拥有特权，也可选择蓝绿条纹或者紫白相间的领带，帽子并不强制要求佩戴，但上衣和套衫则必须穿着。与夏装相对应，在二、三学期（参照维多利亚州学期划分标准）的校园里随处可见身着以上套装的学生。运动服则只出现在体育课和其他运动盛会上。

3. 海外学生项目。2013 年墨尔本女子中学共招收 64 名海外学生，她们来自亚洲多个国家和地区：中国、越南、韩国、日本、印度尼西亚、泰国、伊朗和马来西亚。海外学生项目的实施为墨尔本女子中学注入了新的生机和活力，学生的构成不再单一，呈现多元化趋势。墨尔本女子中学兼容并蓄的办学理念以及全面综合的学术项目吸引了众多的海外学生，该校崇高的学术名望以及学生领导才能的开发培养模式使越来越多的海外学生愿来此校就读。2012 届 12 年级的国际学生取得了令全校为之自豪的骄人成绩，VCE 考试中她们硕果累累，其中 44%的女孩子们的 ATAR①（Australian Tertiary Admission Rank，澳大利亚高等教育入学排名）高达 90 分以上，所收到的知名大学以及高等院校录取通知书数不胜数。

墨尔本女子中学的海外学生项目旨在为海外学生提供高质量、个性化的教育体验。本着这样的宗旨和信念，自新生入学之日起，墨尔本女子中学就开始实施丰富多样的教学和管理项目。在已经开发成熟的一个管理项目中，不仅提供了新生入学前的信息，制定了初步培养方案，而且会定期追踪学生在英语语言学校的学习进展，全程记录学生在本校的学习历程。国际学生作为墨尔本女子中学这个大家庭中的一员，与当地学生一致，选修相同的课程，接受相同的管理，但 10—12 年级的学生要额外选修英语作为第二课程。学校也有一些课后项目，为

① 澳大利亚高等教育入学排名是学生能否进入本科阶段学习的首要标准，它于 2009 年和 2010 年陆续推出，取代了之前的大学入学指数制度（the Universities Admission Index），相当于全国高等教育入学等级制度（Equivalent National Tertiary Entrance Rank）以及高等教育入学排名制度（Tertiary Entrance Rank）。但此制度尚未在昆士兰推行，昆士兰仍保持 OP 制度（Overall Position）.

海外学生的课业提供必要帮助，同时也鼓励他们通过不断的交流锻炼，提高语言技能。

学校大力鼓励海外学生积极参加校园活动，也希望在同学、老师们的热情帮助下他们能尽快融入墨尔本女子中学的生活。一般而言，负责国际学生项目的员工是中国人或越南人，并且十分精通英语。同时学校也十分重视海外学生的安全与健康，尤其是未满18岁和在澳大利亚举目无亲的学生，更是关注的重点。学校会根据学生的需求安排宿舍，并且相关领导会定期慰问视察学生公寓，以确保学生得到最好的照顾。

国际学生协调员的作用是与海外学生、维多利亚教育和早教部国际教育分部、学校、英语学习中心以及维多利亚语言学校多方建立畅通联系渠道。学校的首要任务和目标是确保所有来墨尔本女子中学就读的海外学生能够拥有愉快的学习体验，确保他们能够尽快融入学校的校园生活，深入了解并逐渐喜爱澳大利亚的历史和文化。

4. 助学基金会制度。为数众多的学生在获得经济独立时还不知何为慈善事业，但墨尔本女子中学的学生却截然不同，她们通过设立助学基金会试图改变这种学生对慈善事业一无所知的现状，并在实际操作中将所募集资金物尽其用。

助学基金会核心价值观是平等、怜悯、信任、忠诚、真理、尊重和诚信、社区家庭。基金会的使命是推动和谐社会的建设，在这样的社会中，人人重视以怜悯、信任、忠诚、真理、尊重与诚信作为核心价值观的社区、家庭文化，同时女子享有与男子平等的机会和权利。为完成上述使命，基金会会采取措施设法解决一系列社会问题，包括青少年原子化现象、社区安全问题以及机会平等化问题。基金会重点关注领域包括社区安全，抑郁和自杀现象，流浪者和贫困现象，以及权利平等现象等。

四、学生领导力培养项目

墨尔本女子中学的使命就是“Lead & Achieve”，除了各种常规的课程开设之外，学校专门设立了“学生领导力项目”。[①] 通过鼓励各年级的学生参加各种正式及非正式的活动，让学生学会合作，善于分享，理解他人的需求，并能够帮助和支持他人，以此发现和培养学生的领导力。为此，通过学舍制度、学生议会制、班长论坛、中高年级学生会等，学校为学生提供了超过 300 个领导岗位。同时，学生也有机会参与学校的理事会以及下属的各个分理事会，在此过程中也可获得提升领导力的机会。此外，通过赋予学生“有引导的自主权”，学生领导力项目也让学生管理他们自身发起的各种集会和活动。该项目还鼓励学生参加社会、文化、体育等活动，在各种公共论坛上做专业演讲。

五、服务学校发展的家长会

家长会制度是墨尔本女子中学的重要管理制度之一，它由学生家长或监护人组成，和学校领导者共同参与学校管理，为学校的发展规划出谋划策。家长会例会于每个月的第四个礼拜二 19:30 在学校的大会堂举行。家长会成员坚信在他们孩子受教育阶段建立一个积极向上、强有力的社区极为重要，并且这个社区应该有着振奋人心的社区文化和精神。

在孩子就读小学时，家长可以通过与所在社区其他家长进行沟通交流、直接

---

① MGC Prospectus. http://www.mgc.vic.edu.au/assets/MGC_Prospectus.pdf. 2017-03-06.

等在校门口接送以及学校开放日探知子女在校情况，而当他们升入中学后，这种机会将会大大减少，家长会的存在极大地解决了家长与学校之间的信息不对称问题。此外，筹办一系列大型活动是家长会的一大职能。当然，家长会的另一项重大职能就是筹集资金，为学院组织的各项活动提供强有力的资金支持和保障。近期，通过墨尔本女子中学组织的活动，比如社区集市、有趣竞答之夜、父亲节早餐、电影之夜等，可以明显感受到一个充满生机活力的社区已形成。这完全归功于家长会在人力、物力、财力方面的慷慨解囊。这种令人激赏的社区精神不仅仅表现在新建的一座座公共设施，更在于用一种正面的力量将学校成员紧密团结在一起。

除此之外，学校还有独特的可持续发展共同体，该共同体是由家长、学生、教职员工以及社区成员共同组成的组织，宗旨是为学校和在校学生提供最适宜的学习环境。该共同体的成立是墨尔本女子中学学校管理的新举措，它将在国家可持续发展学校项目的框架体系内进行活动，为学生、家长、相关社区成员搭建良好沟通的渠道和桥梁。可持续发展共同体诚邀家长和社区成员加入学校，为建立适宜的校园环境做出贡献。

应该说，在世界著名中学中，纯粹的女性学校为数并不多，墨尔本女子中学是其中一所，其较高的办学定位"发展女性领导力"以及丰富的课程设置、独特的学生管理和极具支持性的家长会等都是学校成功办学的重要组成要素，这些都可以为其他学校提供启发和借鉴。值得一提的是，墨尔本女子中学还于 2011 年被澳大利亚世界环境日（the United Nations Association of Australia World Environment Day Awards）组委会授予特殊表彰奖，以表彰学校在该领域所做出的巨大贡献。

本章重点参考了如下文献：

[1] 墨尔本女子中学（Melbourne Girls' College）简介［EB/OL］. http://www.cg6xue.com/

aodaliyagaozhong/gongligaozhong/4664. html. 2013 - 08 - 07.
[2] The Good School Guide [EB/OL]. http://www. goodschools. com. au/school/melbourne-girls-college. 2013 - 08 - 17.
[3] WIKIPEDIA Australian Tertiary Admission Rank. [EB/OL]. http://en. wikipedia. org/wiki/Australian_Tertiary_Admission_Rank2013 - 08 - 07.
[4] WIKIPEDIA Melboure Girls' College [EB/OL]. http://en. wikipedia. org/wiki/Melbourne _ Girls' _ College? veaction=edi. 2017 - 03 - 06.
[5] welcome to MELBOURNE GIRLS' COLLEGE[EB/OL]. http://www. mgc. vic. edu. au/. 2015 - 05 - 10.

第九章

全人教育的追求——我国台湾地区台北市立建国高级中学、香港特别行政区培正中学、盎格鲁欧洲中学人才培养模式分析

我国台湾地区台北市立建国高级中学和香港特别行政区的培正中学都是当地的优质中学，在当地深受家长和学生好评。本研究者曾分别于 2010 年和 2013 年考察了建国高级中学和培正中学，两所分别深受儒家文化和基督教影响的学校，在办学方面存在着不少差异，但也有诸多共性。

图 1-9-1　建国高级中学的红楼建筑

一、台湾地区台北市立建国高级中学人才培养模式分析

台北市立建国高级中学，简称建国中学或“建中”，位于台北市中正区龙光里1邻南海路56号，在南海学园正对面，是台湾地区最著名的高级中学之一。学校于1898年创办，其前身为台湾日治时期的台北一中，也是台湾最早设立的公立中学。最初为国语学校第四附属学校增设的普通中等科，其后数经更名，1907年独立设为台湾总督府中学。1914年改为总督府台北中学，1922年再改制为台北州立第一中学。抗日战争胜利的1945年，更名为台湾省立台北建国中学，1967年改制为台北市立建国高级中学。

“建中”为台湾地区历史最悠久、在校及毕业人数最多且最著名的高级中学。平均来说，在每年夏天举行的国中基本学力测验中，排名前1%的台湾地区中学毕业生才有机会进入该校就读。另外，该校以自由学风著称，社团的多元蓬勃发展也颇为著名。目前，各年级设有数理资优班两班、乐旗班一班、人文及社会科学资优班一班、体育班一班，学生人数近四千人，并有社团七八十个，这是全台最多的。

在国际竞赛中，该校学生有着优异的表现。台湾选派参加国际科展的代表大多为“建中”的学生，都能获得美国国际科技展览会大会奖及其他各国科展的奖项。在台湾当局“教育部”举办的高中数理及资讯学科能力竞赛中，“建中”选手亦经常囊括各学科前三等奖项，取得国际科学奥林匹克(International Science Olympiads)竞赛选训营的资格，最后并获选为台湾代表队选手。该校也是台湾地区国际科学奥林匹克竞赛史上“单一学校获奖数”最多的学校——截至2006年，该校选手在国际奥林匹克竞赛(包括数学、物理、化学、生物、资讯领域的奥林匹克竞赛)中，一共得到了50枚金牌、68枚银牌、21枚铜牌。

除国共内战后曾短暂配合政策收容来台的大陆女学生外，该校长期以来皆只招收男性学生，近年虽有改为男女合校之议，但始终没有实行。该校也一直采用台湾中学传统的卡其色制服与绿色书包，卡其色制服已经成为该校学生认同的标志之一。百年来，学校在优良传统及“全人教育”的核心理念下，声誉日隆，人才荟蔚，始终为追求建立“卓越的建中”、“令人尊敬的建中”而努力。①

1. 全人教育的办学理念和实践

学校坚持“全人教育”的精神，在“学生第一，教师为先”的原则下，以“关怀”、“卓越”、“创新”、“宏观”为指导，开创“中学教育，大学格局”的愿景。因此，除了积极延聘优良师资、充实教学设备之外，学校更以创新的作为，提供学生开放、多元、自由的学习机会。例如，和大学合作，开设大学选修课程；提供满足学生适性发展及多元能力培养的课程；开设第二外语选修课程（日、德、法、西班牙、拉丁语等）；参与国际交换学生计划；开展国际交流活动；举办红楼系列讲座及各项文艺活动；推动公共服务课程及多元社团活动，并鼓励师生研究，著书立说，全面带动优质学风，推动资优教育，培养具备人文关怀与宏观视野的精英人才。

本着“做什么像什么”的愿望，学生们动静分明，允文允武，才华横溢，除了课业表现杰出，年年大学录取率几近百分百，其他学校望尘莫及。参与任何竞赛活动，“建中”学生更有“舍我其谁”的豪情。自 1992 至 2008 年，“建中”学生参加国际奥林匹亚数理竞赛已获得超过 150 枚奖牌，这项杰出的成绩，不但占当地总奖牌数一半以上，也写下国际数理奥林匹克竞赛史上单一学校获奖最多的亮丽纪录，可说是冠绝群伦，称雄世界。而在台湾科展上，“建中”学生出类拔萃，也屡获第一名。享誉海内外的乐旗队精湛的演出更赢得音乐比赛的大奖，闻名体坛的田径队、橄榄球队、黑衫军是锐不可当的常胜军，年年夺冠，叱咤风云。此外，国文竞

① “建国”中学简介. http://web.ck.tp.edu.tw/web2007/index.php. 2017 - 03 - 15.

赛、英文竞赛、红楼文学奖的佳作及第二外语成果的表现，都令人赞赏。

全人教育，简言之，就是促进学生的全面发展，不仅仅是学业成绩优异，学生的综合素养和特长爱好都要有机会得到充分发展。因而，在严谨的学术课程学习之余，丰富的社团活动也是“建中”的一大特色。在“建中”，同学们之间流传着“进入‘建中’不参加社团，犹如不是‘建中’人”的说法。“建中”社团众多，活动蓬勃，致使已逾百龄的校园，时时刻刻都充满生机盎然的新气象。社团种类涵盖学术类、音乐类、体育类、服务类及艺术类等种类。“建中”社团列表如下：①

- 学校性组织：乐旗队、仪队；
- 学术性社团：生物研究社、物理研究社、天文社、航空社、信息社、国学社、英研社、外国语文暨文化研究社、日本文化研究社、讲演社、幽默文化研究社、投资理社、机器人研究社、国际纸牌研究社：军武社、小说创作研究社、创造发明社；
- 才艺性社团：热舞社、话剧社、桥艺社、象棋社、魔术社、大传社、美食社、国际标准舞社、民俗体育社；
- 服务性社团：信望爱社、春晖社、真善忍社、IC 部落社；
- 音乐性社团：爵士音乐社、流行音乐社、另类音乐创作社、古典吉他社、管弦乐社、口琴社、国乐社、合唱团；
- 体育性社团：国术社、桌球社、羽球社。

学校七十多个社团追求多元、自主、精致、创新的经营方式，提供给同学表现才艺、开发潜能、促进人际互动、社会关怀及生涯探索的机会，更在自由、开放的学风中，培养其管理自治、行为自律、思想自觉的能力，以强化学生的自主发展能力。此外，通过定期或不定期的各项活动及成果发表，展现出学生灵动的生命力。

除了社团各自举行的成果发表展以外，每学期的社团联展（尤其是第一学期

---

① “建中”社团列表. http://web. ck. tp. edu. tw/web2007/club. php. 2017 - 03 - 07.

的迎新社团联展)与校庆时的社团静态展览都是相当重要的展现舞台。社团联展由班联会行政部门办理,以具舞台表演性质的社团为主,每年参与社团大约在12个左右,并且会邀请友校社团参与。社团静态展则由校方办理,在校庆时于高三教室做静态展示。为了使学生能够充分地了解各类社团,该校在新生入学时会举办社团博览会,并发放由班联会行政部门编辑的社团简介《建社望友》。

2. 精致的教学与管理

经过全体"建中"人的努力,下述几项条例已经成为"建中"人教育教学的指导原则:一切活动以教育为目的,通过各项学习活动,培养学生学术研究能力,达成健全身心、修己善群的教育目标。充实软硬件教学设施,发挥教学与研究功能,改进评价方式,调整教学方法,强化教师的专业精神与能力。促进师生达成共识,加强向心力,配合整体教育计划蓝图,落实全面发展、整合学习、体验学习的教育理念,推动符合精致教育理念的教务工作。

在教育教学工作中,"建中"人进行着下述实践:

(1) 把握教育目标,实践教育理想。具体包括如下措施:①确立一切设施设计与活动安排均以学生为本位、教学为先的原则,各项资源的分配均以教育目的为首要考虑。②依据教育目标,会同其他同仁研制本校年度计划与发展计划,经过充分沟通,取得共识后须全力达成。③落实校务发展计划,承续既有的优良传统,发展本校特色,创立新里程,实现教育理想。

(2) 依据课程目标,教学有条不紊。①遵循课程标准,各科教学目标及主要内容,参考本校教学需要发展特色,进行校本化的课程设计。②开发更多、更丰富的教育机会,使学生潜能得以充分发挥,并力求均等公平,使各班师资、设备及相关教学条件渐趋一致。③经充分沟通后,依据教学原则备课、排课,教师照表上课,确立各科课程教学优先原则,强调过程保障质量,教学安排有条不紊。

(3) 强化教学研究,推动进修活动。①请各科教学研究会编制年度学科重点,强化教学与研究风气，重视心得交流与传承，发展各科特色。②重视教学历程设计，参照教学动机理论，引导学生学习，强调学习方法与学习态度的重要性。③鼓励教师从事研究，协助申请各项专业进行各种教学实验，汇集研究编著，配合出版"建中"学报，增进心得交流。④推荐教师参加各类型研讨观摩，分享进修经验，并在校内轮办各科教学观摩课，强化学科互动交流。

(4) 选编适当教材，改进教学方法。①依据学科目标及教学需求，选编各科教材，结合学生学习情况，推荐补充读物，透过教学研究会的讨论及修订，提升各科的学习效果。②考虑学科特性，善用教学媒体，实施多元活泼生动的教学方法。重视实验操作，引导学生体验学习，学以致用。③改进教学评价，逐步设立各科题库，建立学生能力基本水平常模。

(5) 结合有效教学资源，增强教学效果。①有意设计各项学习活动，重视中学和大学教育的衔接，同时兼顾各学科间的整合，培养学生的统整能力。②培养学生选用图书及网络信息能力，重视信息的取得与分析方法，培养学生解决问题的能力。③顺应国际化趋势，尝试与学术机构合作，开办第二外语教学，拓展学生的国际视野。④重视隐性课程的教育效果，加强校园教育环境布置，充分发挥环境教育的功能。

3. 满足个人需求的学生活动

在学生发展方面，建国中学重视学生全面发展，努力让教育活动适合每个学生的学习需求，具体体现在如下几个方面：

(1) 追求适性教育，实施多元评价。如：①接纳学生个别差异，依据教育目标，提供给各类不同性向、能力、兴趣的学生多元化学习机会，开发潜能，实现自我。②设计适当的评价系统，以教学目标为导向，包含多种特质、多种方法，让评价过程更具弹性，标准更加多元，并进行及时反馈，进而调整教材和教法。③开展资优生及富潜力学生的潜能开发活动，并会同辅导室，对学习能力较慢的学生开展学业辅导，利用学期中及寒暑假开展补习教学，提供学生多元、充分的学习活动。

（2）研制各年级学习辅导重点。①高一学生：以生活为教育的重点，协助高一学生适应高中的生活与学习。以求知为生活重心，强调完整学习，积极求知。②高二学生：追求对现代知识分子的期待，如有理想、能实践、担责任、知反省。规划生涯目标及蓝图，并完成阶段性目标。③高三学生：展翅前的充分准备，有效地冲刺，认真地应考，虚心地检讨。生涯目标的实现，智慧加努力必有丰收，学习梦的追寻与自我实现。

（3）重视同伴学习，提供多元学习的教育情境。①重视学生学习自然科学的基本能力，并提升学生人文社会科学素养，通过实验、科展、竞赛、座谈、研讨等活动，提升校园学术研究气氛。②加强学生社团及自治组织建设，鼓励学生举办自发性的学习活动，使学生获得多元丰富的学习机会，落实全面学习。③引导班级及社团的学习风气，推动各科小老师制度，促使同伴之间良性互动，激发荣誉心和责任感，形成积极向上的学习文化。

（4）积极应对改革，提升学生学习成效。①配合学年学分制的实施，辅导学生重视各科学习，并提供补习教学及补修学分机会，提升学生学习成就。②顺应大学入学制度的改革，配合推荐甄选及申请入学的新制，鼓励学生多参与各项学习活动，培养良好的学习风气。③配合高中多元入学方案的实施，设计符合本校教育特色的甄选制度，增强本校优势。

二、香港培正中学人才培养模式分析

香港培正中学建校于1889年，至今已有126年的历史。如其校长所言，她和香港有着相同的经历和待遇，是香港社会经济文化的一个典型缩影。学校现有学生 1300 人，教职员工 80 人。中一至中六年级，每个班级 36 名学生。学校教育教学质量很高，深受社会欢迎，2012 年高考中有一学科状元。学校并没有太多选择学生的空间，目前高中有 95%以上的学生来自于本校初中部，初中学生 95%来自于本校小学部，小学生则几乎都来自本校幼儿园。

图 1-9-2 香港培正中学校园

1. 全面发展的培养目标

培正中学是一所基督教会学校，校训是“至善至正”，旨在培养善良正直、对社会有用的人才。当前，学校着力推行“全人”教育，要求学生不仅要学业成绩好、学科知识扎实，而且要品性好、身体好，善于与人沟通，让自身潜能能够得到充分发展。诚如其校长所言，学生在校并不是死读书，而是活读书，让读书和活动相结合。让学生学业成绩提高的同时，学生的优势智能得以发展。每个学生因为有不同的能力，所以学校努力给学生提供接受多元教育的机会和多元表现的机会，让每一名学生都有自己的成功之处，有的是学业成绩好，有的是某一项艺术好，有的是某项体育运动项目好，有的是电脑学得好等等。只有让孩子找到和发展自己的优势智能，有了成功的体验，他们才会更加自信，并适度带动学业成绩的提高。这样，不惟考试，赢得了考试；不惟学业，赢得了学业。

2. 多样化、特色鲜明的课程体系

对于所开设的各门学科，学校有适合自己学生需要的教学材料。

学校非常重视艺术和体育教育，从中一至中六年级，每周 2 节体育课、2 节艺术课，坚持不懈。体育艺术课中，有必修课，也有选修课。到了高三，还能如此坚持开设体育和艺术课，在香港其他学校中并不多见。要培育学生健全、善良的人格，体育和艺术课发挥着不小的作用。学校重视信息科技的教学，从初中阶段开始，学校就开始对学生进行电脑资讯教育和培养。这在知识、经济信息化的今天，着实十分重要。

3. 拔尖保底的教学管理制度

学科教学方面，学校提倡“拔尖保底”的做法，既让能力强的学生有充分发展潜能的机会，也让薄弱的学生能够达到教学的基本要求，培养合格的中学毕业生。为此，英语、数学和中文实行年级分层教学。一个年级段，分成 4 个层次，把相同学习基础和学习能力的学生编在一个班级，便于老师教学和辅导。能力强的班级，教师的教学更多地是辅导和支持，允许学生有更多自主学习和探索的时间和机会。而对于能力比较薄弱的班级的学生，则要求教师更为细致耐心地讲解，给予学生更多个性化的面对面指导和交流。

4. 洁净优美的自然环境

不管是校园内，还是教室内、实验室内，洁净的环境、清新的空气，让人心情舒畅、精神振奋。教室、办公室、活动室和大自然有机融合，令人印象深刻。既有现代人享受的冷气，又和大自然的阳光、草木有机结合，典雅、舒适、有品位。学生洁白的校服,更衬托出了学校洁净和优美。

校园内,除了楼名和教室名字用明显的文字标出之外,没有别的宣传性标语,没有处处励志的口号,给人以洁净优雅的体验。不管是教室内还是操场上教师和学生都在努力工作和学习。这是一种内在的精神力量在起作用,是内在于心、外现于师生的言行之中的文化。诚如校长所说,学校的学生有读书学习的好氛围,教师也有努力工作的氛围。绝大多数的老师十分努力工作,少数老师甚至竭尽全力。

学校校园使用面积大,依山而建,在山坡处专门修建了"自然教育径",颇有创意。自然教育径,就是学生接受教育的大自然环境,尤其是对于地理和生物课程的学习,是绝佳的拓展场地。同时,和大自然亲密接触有利于学生的身心健康,能强身健体,保障学习和其他活动的高效开展。舒适的图书馆的环境,足以吸引那些没有课的学生来阅读、思考和写作。一进校门,就被学校的"自然教育径"、图书馆里阅读的学生、活动室里和操场上运动的学生所吸引。有人在自主阅读,有人在运动,有人在教室内听课,这不正是全人教育的图景吗?

5. 合作共赢的管理理念

在和校长访谈期间,校长谈及了全人教育的理念、培正中学在各地的分布、学校的信息化建设、课程开设等等方面事宜,都给笔者留下了深刻印象。其中,校长反复提及了在管理工作中"凡事相互效力",即"1+1>2"的概念,事物之间的关系都是相互联系、相互促进的,人与人之间也是相互合作、相互帮助,合作能够做出一个人做不出的事情,完不成的事业。

三、盎格鲁欧洲中学人才培养模式分析

英国盎格鲁欧洲中学(Anglo European School)位于埃塞克斯郡,是一所质量

上乘的公立中学(含初中和高中),学生学业成绩优异,特色明显,学校的国际化程度很高。许多家长和学生愿意选择来此地读书,每年报名的人数要远远高于学校实际招生的人数。王晓丽老师是该校的计算机教师,任教五年,来自中国上海,同时教该校 20 个班。每星期 20 节课,每班 20 几位学生。以下是笔者对王老师的访谈总结。

1. 国际理解和全人教育的办学精神

学校的国际化程度很高。一方面,学校选择学生时,非常注意学生的家庭的背景,如父母亲是否有国外国籍,或者是否有过到国外生活和学习经历。另一方面,学校非常重视对在校生的国际理解教育,多元文化理解和尊重的养成教育。每年学校都会有意识地组织学生到世界各地的友好学校,并同时接受友好的回访,在此过程中增强学生的国际理解意识和能力,体验多元文化。同时,学校非常注重对学生独立意识、独立思考、自主能力的培养,鼓励学生积极探究,深入思考,团队合作,充分地展现和表达自我。学校重视学生身体、智力、品行等各个方面的平衡发展。

2. 丰富多样的课程设置

学校设置的课程门类非常丰富,几乎你能够想到的课程学校均有设置。虽然每门课程所占的课时不同,但是学校都给予同等的重视,不管是大学科还是所谓的小学科。当然这样也会带来问题,比如学生每周的英语课、数学课的课时就比较少,只有 3 节课,不利于学生学习这些主科。

一般而言,学生在 7—9 年级时,必须修完学校规定的所有科目。到了 10—11 年级,学生就可以根据的喜好,在学校规定的几大门类内有所选择。到了 12—13 年级,学生只需选择四门课程学习即可。当然,能够上 12—13 年级的学生,学习都非常努力,因为要准备大学考试,来自同学之间的竞争压力较大,来自家长的期望也较高。并且在英国,人与人之间的等级意识、大学与大学之间的等级相对也是较为明显的，学生也会为了尽可能地进入好的大学而努力奋斗。

总的来说，学校的课程体系一方面能够体现国家和社会发展对人才的需要，另一方面也能够照顾到学生本人兴趣爱好与特长，两者兼顾。

3. 目标导向的课堂教学

学校近年比较重视对教师上课情况的检查，主要是看上课前教师是否向学生清楚地传达了本节课所要学习的内容，以及所要达到的目标。在上课的过程中，要看教师是否能够结合教学目标，合理使用多种教学手段和方法，比如 ppt 之类的方式。当然最为主要的是要看本节课学习结束时，学生是否达到了教学的目标，也就是看学生是否能够说出本节课的教学内容以及自己的理解和认识。课堂上，学习也比较重视师生之间的互动交流，重视评估学生的表达，重视课堂的纪律、学生的表现。

4. 个性化对待学生的差异

根据学业测试的情况，学校实行走班制。比如，数学学科成绩好的学生在数学 A 班，相对较差的在 B 班，法语学科好的学生可能在法语 A 班等，每个学生根据自己学科的学习情况在不同的班级。当然这样给学校的管理工作带来了较大的困难，一节课只有 60 分钟的时间，除了课间休息的时候学生在走动之外，有时候需要占用课堂上 10 分钟的时间要让学生从这个教室走在那个教室。来到教室之后还要点名等。不过总体来说，走班制的确更能照顾到学生学习的特点和进步的程度。对于不愿意学习的学生，学校也有一定的惩罚和制约措施，比如作业没有交，需要给学生一个记录，该带的笔没有带，也要给学生一个记录。这样的记录多了，就会有一定惩罚措施，比如校长约见等。当然，对于非常难管的孩子，学校会让其回家自学，以免因为其个人耽误了班级其他孩子的学习。

5. 增值的学生评价

评价学生时，学校会在不同的学段，根据学生学习的起点，预期其一段时间学习之后比如半年或一年后的学习成绩，如果这个时候的测试成绩达到了预期的目标，就说明学生学的是有效的；如果学生没有达到预期的目标，就说明学生的学习以及教师的教学还存在一定的问题，这也是 Value-added 概念的应用。

另一方面，就是每个任教学科的教师都要给学生写评语。就本科学生目的学习成绩以及表现等，首先写出学生值得鼓励和肯定的方面，也要写出需要进一步改进的方面。学校规定给每位学生的评语不得少于 400 个字母当然对教师而言，这也是比较令人头痛的事情。这些评语要给家长看，以便让家长对学校的教育教学工作有更好的理解、支持和配合。

第二部分
世界著名中学人才培养模式的共性分析

在熟悉每所世界著名学校办学特点的基础上，本部分旨在从横向比较的视角，总结分析世界著名中学人才培养的共同特点。如前所言，本书中所指的“人才培养模式”，是指在特定办学理念的引导下，按照一定的人才培养目标和规格，以相对稳定的课程体系和教学方式，并借助于一定的管理制度和评价体系，实施人才教育活动过程的总和。具体来说，学校人才培养模式包括以下几层涵义：(1)学校人才培养的理念与目标；(2)为实现培养目标的课程体系设置；(3)学校的教育教学活动和方式方法；(4)为实现这一目标的管理制度和评价体系。简而言之，人才培养模式包括培养理念和目标、教学内容和教学方法以及评价和制度保障等方面。

本研究这一部分的内容分为三大方面，即世界著名中学人才的理念和目标，世界著名中学人才培养的内容与方法，世界著名中学人才培养的评价和制度保障，接下来分别阐述世界著名中学人才培养的共同之处。

第一章

服务国家社会，成就学生自我——世界著名中学人才培养的追求和理念

本章主要从世界著名中学办学的缘起、价值追求和人才培养的理念来分析世界著名中学人才培养之特点。

一、服务国家社会的价值追求

纵观这些在世界范围内享有盛誉的中学办学历史，无论当前是公立的还是私立的，其共同特点是创办者在当时都是国家之栋梁、社会之领袖，曾为国家强盛和社会发展进行了不竭的实践。关于社会发展对人才的需求、对教育成就人才的价值，他们有着更深刻的理解和认识。因而，他们都是秉承着教育改善社会、教育拯救国家的理想与追求而办学的。当初办学的出发点较为一致，比较低一点的定位是为了让来校受教育的孩子们能够更好地适应社会发展的需求，比较高的定位追求则是让来校受教育的孩子们能够领导这个国家和社会的发展。

（一）办学的缘起

英国伊顿公学，由英国国王亨利六世于 1440 年创办，为了给当地贫穷学子提供免费教育，让贫穷孩子也能进入该校

读书，当时是作为进入剑桥大学国王学院的预备学校。不料到了 17 世纪，伊顿公学反而逐渐成为英国最著名的贵族学校，贵族子弟都以能够进入这所学校为荣，争相入学，形成一种高贵气氛，平民子弟反而可望不可即，致使该校逐渐变成一所等级森严、面向贵族子弟开放的学校。

而当新加坡的发现者、首任总督斯坦福·莱佛士于 1823 年建立莱佛士学院时，他旨在建立一个能够很好地服务于国家的基础教育机构。“为了更美好的时代”这句箴言就以拉丁语的形式刻在了学校内。① 其实，自莱佛士爵士抵达新加坡以来，他就一直有在新加坡建立一所东南亚顶尖的、仿英国公学式学校的念头。最初的计划是将在马六甲的英华学院（Anglo-Chinese College）搬迁到新加坡，但是原计划因种种原因始终未能实现。随着莱佛士总督任期届满，他不得不放弃原先的计划，在新加坡重新建立一所新的学校。于是，莱佛士书院于 1823 年 6 月 5 日奠基。

新加坡另一知名中学——华侨中学是由著名华侨领袖陈嘉庚先生在 1919 年负责筹建。当时建校，一是为了让当地华人子女有更多受教育的机会，二是为了更好地传播中华优秀文化。早在 1913 年 5 月陈嘉庚就提出应该在新加坡办一所用中文教学的学校的想法，但该计划并没有受到英国殖民政府支持。1918 年陈嘉庚认捐三万元，并募捐二十万元，召开捐款人大会，成立新加坡南洋华侨中学董事会，大家公举陈嘉庚为董事长，经上海教育会会长黄炎培介绍，涂开舆出任第一届校长。1919 年 3 月 21 日正式举行开幕典礼，首批 78 名学生进入新加坡华侨中学就读。学校的使命是“实践全方位教育，陶铸热爱生活、关爱别人、为社群谋福利的未来领袖”。②

---

① 莱佛士书院. The School Vision and Motto. http://www.ri.edu.sg/. 2014 - 09 - 25.

② Hwa Chong Institution Vision. http://www.hci.edu.sg/about/mission-vision. 2014 - 09 - 24.

美国的斯蒂文森高中，被称为“美国最好的中学”，于1904年由荷兰人彼得·斯蒂文森创建，当时出于美国发展工业的需要，学校旨在为适龄男孩子提供手工业训练的机会，以增强他们的社会适应能力。在后来的发展历程中，该校也逐渐发展了科学、技术和数学学科成为其办学的主要特色。① 芬兰罗素高中创建于1891年，建校的最初目的是培养致力于进入商业、工业和政府机构的男生。

服务国家和社会的价值取向既是这些学校办学的出发点，也是日常办学实践中最注重让学生养成的价值追求和品质，学校办学的这一宗旨一直影响着其后的办学理念和管理实践。

（二）办学的追求

服务国家与社会发展，不仅是其办学的出发点，而且在其后的办学实践中一直在坚守，虽然不少学校在办学过程中经历了许多挫折和磨难，但是服务国家社会的理念和追求，却在学校办学实践中得以坚持下来。

对伊顿的学生而言，这一点表现得尤为突出，“在伊顿公学，孩子们到那里时感觉不寻常，他们清楚自己将管理这个国家”。② 最重要的一点是“当自己离开中学时，应有贡献社会的愿望，否则就被视为学校教育的失败者”。而“责任、荣誉、国家”同样是每个伊顿人应牢记的核心价值观。

美国安多佛·菲利普斯学校创建于1778年，是美国最古老的寄宿高中，其校史长于美国历史。学校办学的宗旨就是“不为自己”，这一方面是说学校的学生来自全世界各地；另一方面表明学校教育出来的学生应是为国家和社会服务的人，而不是为了实现自己利益的人。学校强调，学生要有善良的精神，能够回馈社会。学校不是为了培养去哈佛大学、麻省理工学院的学生，这些也许是学生自己的目

---

① From Wikipedia, Stuyvesant High School. http://en.wikipedia.org/wiki/Stuyvesant_High_School. 2014-09-25.

② 王鑫方，蒋小玲. 伊顿公学的卓越和特权[N]. 2010-5-14.

标，但不是学校的目标。该校学生有迥异的背景，但是安多佛学校的主要任务之一就是把他们培养成出色的领袖，让他们能够有道德准则，能够客观地分析事件，应对复杂情况。学校章程明确规定：来自每个地方的年轻人应该能够明白："没有知识的善良是虚弱的，然而没有善意的知识是危险的。"

莱佛士学院在学校办学使命中明确规定："莱佛士学院致力于培养个性鲜明、充满自信、乐于奉献的未来世界领导者，学校的学生希望并且能够在他们所属的团体中表现得最好。他们处处在体现着学校的使命，即通过领导和服务培养出思想者、领导者和开拓者。"[①]在学校，每个学生都需铭记身为莱佛士人的荣誉信条："在求学方面，我会表现出纪律及对学习的热诚；在道德方面，我会表现出廉正及对个人、团体与社区的仁慈与尊重。"[②]

新加坡的另一所知名中学华侨中学为满足当地华侨子女受教育需求而设，旨在培养学贯中西的文化精英。到20世纪70至80年代，该校已经发展成为新加坡最著名的两所学校之一，在思考学校发展走向时，学校领导者提出了"培育为国为民之科研、商企与政界领袖"的使命[③]，这有力地推动了学校的发展。

从学校的实践来看，在清晰定位学校核心价值追求的同时，创作特征鲜明的校徽、校歌等学校符号，是强化与彰显学校精神与追求的重要举措。新加坡莱佛士书院的徽章是一个半狮半鹫的怪兽(双头鹰和两个大的勋章)，象征着该校培养出的学生有着鹰的速度、高度和洞察力，同时又有着狮子的威严、力量和勇气。双头鹰坐落在学校徽章的顶上，周围以花冠缠绕，代表着学校对知识的信赖和永恒的追求。

伊顿公学的校徽是由右上角代表英格兰王室的狮子纹章和左上角代表法兰

① The School Mission. http://www.ri.edu.sg/. 2014 - 09 - 25.

② School vision and motto. http://www.ri.edu.sg/main/rafflestradition/vision. 2013 - 2 - 10.

③ School vision & mission. http://www.hci.edu.sg/about/mission-vision. 2013 - 1 - 10.

图 2-1-1　伊顿公学的校徽

西王室的百合花徽章以及下方三枚衬着黑底的银色百合组成，如右图 2-1-1 所示。黑底代表永恒，银百合代表圣母玛利亚，这足以表明学校的王室传统和精英特性。在各种场所，师生穿戴整洁，佩戴校徽，对学生是无声的教育和激励。

由此可见，培养领袖人才，服务国家社会，是这些学校办学的价值追求。学校培养出来的人才不应是为了个人利益而奋斗，而是为了服务于国家和社会发展。当然，在服务国家社会的过程中，个体也会赢得社会的认可，收获个人的利益，但这并不是学校的主要价值追求。

二、成就学生“最好的自我”的办学理念

在办学实践中，只有将学校教育的对象——每个学生培养成社会所需要的人才，才能实现学校服务国家与社会的办学追求。社会对人才的需要多种多样，每个学生的个性与潜能各有不同。学校办学的重要任务就是将每个学生的潜能得以充分激发，并得到有效发展。为此，成就每个学生最好的自我，让每个学生得以全面而又个性地发展，尤其是让学生的优势潜能得以充分发展，是所有世界著名中学的一大共同特征。这从各学校对办学理念的定位可见一斑。

伊顿公学从一开始就定位为，学校不仅是学习知识的地方，更是个性潜能充分发展的地方。在伊顿公学历史上，比较知名的校长威廉·考利在 13 世纪就明

确指出:“去一所伟大的学校,是为了学习认识自我。”[①]英国另一所知名学校哈罗公学的办学理念是“培养学业优良、个性突出的各界领袖”。而芬兰高中的定位是“培养综合素质高、个性健康、全面发展、有创造力和合作精神、能够独立探求知识、热爱和平的社会成员”。[②] 罗素高中是其中的佼佼者,罗素高中时任校长阿里·霍卫宁更是认为:“教师在课堂上要做的就是帮助学生认识自己的思想,使他们成为能够独立思考的人。”[③]新加坡莱佛士书院则致力于“培养个性鲜明、充满自信、乐于奉献的思想者、领导者和先锋者”。[④]

上述几所学校的办学理念有许多不同之处,但是其中的共同点就是都强调了对学生个性特长的培养,对学生个人潜能的发现与发展。与此相类似,英国著名教育家、夏山学校(Summerhill School)的创办者尼尔(A. S. Neill)在20世纪20年代就提出了“让学校适应学生,而不是让学生适应学校”理念,[⑤]让学生在校园内快乐生活、健康成长应是学校的重要目标。英国伊顿公学的校友帕拉什·戴夫(Palash Dave)在回忆学校生活时曾说过:“在这里,你受鼓励追求任何你可能拥有的梦想。”它允许学生持些异议,某种程度上鼓励这样做。[⑥] 显然,这对那些想得到领导角色的人而言是非常适合的。有着“小哈佛”之称的美国斯蒂文森高中的教育哲学是:“每个学生都是一个有价值的个体,在民主社会中是一个必要的组成部分。在父母的帮助下,学校培养每一个学生的敏感性和责任感”[⑦];“做最好的自己”是学生写下的励志名言。

---

① Tony Little. Etoncollege Forward. http://www.etoncollege.com/Introduction.aspx. 2013-03-20.

② 何树彬. 罗素高中：芬兰高中教育的典范[J]. 上海教育,2009(06),40—43.

③ 徐星. 罗素高中：芬兰教育的典范[J]. 上海教育,2012(12),30—31.

④ School vision and motto. http://www.ri.edu.sg/main/rafflestradition/vision.

⑤ [英]A. S. 尼尔著,王克难译. 夏山学校[M]. 海口：南海出版公司,2010.

⑥ 王鑫方. 伊顿公学卓越和特权[N]. 现代快报,2010-05-14.

⑦ [美]亚历克·柯莱因. 揭秘美国最好的中学[M]. 马蕾,李旭晴,译. 上海：华东师范大学,2009：5,23.

素有“中学教育，大学格局”之称的台湾建国高级中学，办学过程中坚持“学生第一，教师为先”的原则，努力为学生提供“适性”教育，实施个性化评价，如：(1)接纳学生个别差异，依据教育目标，提供给各类不同性向、能力、兴趣的学生多元化的学习机会。(2)设计适当的评价系统，以教学目标为导向，包含多种特质、多种方法，过程弹性化，内容多元化，并建立评价反馈系统，调整教材教法。(3)办理资优生及富潜力学生之潜能开发的专业活动，提供学生多元充分的学习活动。

学校是学生梦开始的地方，是鼓励学生追寻梦想的场所。我国的华东师范大学第二附属中学早在本世纪初就开始了“发现与发展学生潜能”的办学追求；上海中学正在致力于探索以“聚焦志趣，激发潜能”为导向的优秀创新人才培育实践；哈尔滨三中在总结学校办学经验时，提出了“以个性成就个性”的理念。事实表明，优秀学校的办学思路是有其共性特征的。

当然，发现与发展每位学生的潜能，成就每个学生最好的自我，需要学校提供丰富的课程、灵活的管理、弹性的教学、多元的评价等方面的系统支持和配合才能实现。

三、积极进取、追求卓越的学校精神

所谓学校精神，就是学校师生员工共同的价值追求和集体意识，以及由此拓展而来的师生的思维方式和学习生活状态。它是学校文化的核心，是学校持续发展的原动力。在学校，师生有着高远的追求、昂扬的斗志、积极的心态，能够充满激情地工作、热情地生活、理性地思考等，是一所学校精神奋发的标志。反之，师生无所追求，得过且过，牢骚抱怨，待人冷漠，则是一所学校精神低迷的表现。学校能否发展、发展到什么程度，关键在于学校精神追求什么和这种追求的程度。

通过对世界上10所著名中学的研究发现，这些学校之所以能够取得卓越的办学成效，为世人所认同，其中最为主要的一点就是这些学校都有着积极进取、追求卓越的学校精神。学校的学生群体和教师群体之间充满着激烈竞争，每位师生都竭尽全能地工作和学习，将自己的能力发展到最好，让自身的优势得以充分发挥。师生在这种群体氛围的影响下，自觉学习，主动发展。

在斯蒂文森高中，学生放学后不愿意离开学校，而是选择继续学习。在该校，学生只能获得下述三项中的两项：高分、睡觉、社交。显然，许多学生放弃了睡眠。他们很自豪地承认自己熬夜学习，学生们通常为成绩而“争斗”，他们会把成绩精确到小数点后的最后一位。学生们所敬仰的也是那些科学呆子和刻苦学习的人。① 在伊顿公学，获得不同等级奖学金项目的学生，其所穿衣服的款式、颜色、纽扣等都有不同的标记。这本身即是对学生很好的鞭策和鼓励。在新加坡莱佛士学校，学生能从她骄人的历史中感受到崇高和伟大。在这里，每个人都觉得必须做到最好，并不断追求卓越。

在这些学校，师生无论做什么事情，都充满激情和活力，力争把事情做得更好。有了这样的精神状态，还有什么事情做不好？师生怎么会感受不到校园生活的价值和幸福？台湾建国中学的学生“参与任何竞赛活动，都有‘舍我其谁’的豪情”。② 学校积极营造宽松自由的“中学教育，大学格局”的氛围，以便让学生自由自主地发展。香港拔萃书院的老师说道，无论参加任何活动，学生们都发自内心地认为“因为你是拔萃的，所以你要做得更好”。“抓住机会，实现梦想”的话语被大多数斯蒂文森高中的学生视为座右铭。

罗素高中2至4年的弹性学制，伊顿公学第1至14级的教学进程安排，都在

---

① [美]亚历克·柯莱因著. 马蕾，李旭晴译. 揭秘美国最好的中学[M]. 上海：华东师范大学，2009：5，23.

② 台湾建国高级中学校简介. http://web. ck. tp. edu. tw/web2007/introduction. php，2013－5－30.

无形中激励和鞭策着孩子们，在每个领域都要尽自己最大努力，取得尽可能好的成就，以便学生能够在更高的级次内学习。在这样的制度设计下，学生在选择了自身感兴趣并适合自己的课程后，都会表现出浓厚的学习热情和相应的积极主动性。

这些著名中学正是源于学校精神的引领，学校全体教职员工进行了长期不懈的实践探索，形成了独特的人才培养模式，培养出了大批高素养的学生，引领、服务着国家和社会发展，赢得了世人的尊敬和认可。

四、继承中前行、水到渠成的办学特色

可以说，本研究中的案例学校世界著名中学都是办学特色鲜明的学校。学校办学特色的形成并非某一任校长的刻意追求，而是源于在学校精神的引领下，学校全体教职员工进行了长期不懈的实践探索，形成了独特的人才培养模式，培养出了大批高素养的学生，引领、服务着国家和社会发展，赢得了世人的尊敬和认可。在此过程中，学校特色不断外显，不断被强化，其本质是学校的一种独特的文化模式。如伊顿公学的“绅士摇篮、领袖文化”，斯蒂文森高中卓越的数学科技教育，安多佛的“不为自己”的办学追求，莱佛士书院的精英教育，罗素高中的多元包容、自主发展，台湾建国高级中学和香港培正中学的全人教育等，都给世人留下深刻印象。

诚如国内从事学校管理研究的学者吴秀娟所言，一所学校的任何别具一格的整体特色，都是从本校实际出发，通过继承发展优良的学校文化传统，遵循办学规律，顺应时代要求，逐渐校正办学方向所形成的学校文化的个性风貌。“名校”本质上都是特色学校，只是特色学校却不一定都是“名校”罢了。名校可看作是特色

学校在时间上的延伸，它具有更丰厚的文化积淀和学校文化传统，而且往往曾有过名校长、名教师和已培养过的大批名学生，为社会发展和人类文化发展做出更多更大的贡献。

吴秀娟认为，学校特色并非离开总目标和一般规律另搞一套，而是指特定的文化背景、时代色彩、社会基础、地域条件、学校传统、生源状态、师资结构、领导个性、管理风格、教育理想等一系列因素在办学实践中综合产生互动作用，并被组织成员有意识地加以提炼而形成的一种独特的学校个性。[①] 特色学校中的“特色”具有综合性、整体性、全局性，是共性和个性的统一，是普遍性和特殊性的统一。

同样，这些世界知名中学有着独特的办学精神和办学追求，并随着历史的发展不断调整、继承，形成了富有个性的办学模式，培养了一大批有影响力的社会人才。在这个过程中，学校的知名度、美誉度不断得以提升，学校特色逐渐形成。

当然，这些学校之所以能够在历史发展中形成并不断强化本校的办学特色，和历届学校校长对学校优良传统的继承密不可分。好的学校总是在继承并不断发扬优良传统中进行适度创新，并向前发展的。如芬兰的罗素高中，其办学理念中明确强调对传统的恪守和坚持，其办学理念是：恪守传统，自主选择，放眼未来，国际视野。学校重视学生形成容忍、合作、自由选择、学会承担责任的共同价值观，教学目标是为每一个学生播下知识、技能和洞察力的种子，让学生学会学习，学会做事，学会生存，学会与人相处。近些年来，罗素高中在发扬优秀历史传统的基础上紧跟国际教育改革的步伐，在传统与现代之间保持着和谐一致。

新加坡莱佛士书院，是由新加坡首任总督创办的学校，一直致力于培养个性鲜明、充满自信、乐于奉献的未来世界领导者，为新加坡和全世界“更美好的明天”做准备。同是在新加坡的华侨中学，学校的办学理念也是扎根传统，继往开来，陶

① 吴秀娟.组织文化与特色学校建设[J].教育导刊，1995(11)：18—21.

育具仁义诚信、热忱睿智之科研与政企英杰。伊顿公学的前任校长托尼·里特认为,伊顿的繁荣不仅源自于伊顿的与时俱进,更是对核心准则忠实的坚持。① 学校将"独立"、"个性"、"友爱"、"忠诚"、"尊严"、"勇敢"、"传统"、"绅士"、"幽默"、"使命感"十种基本素养,作为开展人格教育的基石。这十个关键词,是伊顿的经典法则,也体现着伊顿精神。塑造完美人格,是伊顿公学的办学特色所在。

斯蒂文森高中是一所移民学校,从成立最初就在为大多数移民受教育者服务,如今仍然扮演着这一角色。学生群体由来自世界各地的移民构成,代表了来自纽约城的各个社会阶层。同时,每一个学生都有着非同寻常的独立精神和创新能力。学校非常注重高难度的学术课程学习,主要任务就是培养各领域学术天才,为名牌大学输送人才。

法国路易大帝高中的历史最早可以追溯到1563年,迄今已有450年历史。在这几百年的时间里,法国发生了翻天覆地的变化,学校的命运与国家紧密相连,随着法国浪潮不断向前。不管处于何种政体之下,学校的教学方式、创新的传统等都得到了传承。自创办以来,学校就坚持向全世界开放的传统,至少十分之一的学校成员来自除法国之外的其他国家。从路易大帝中学毕业的学生,分布在法国的各个领域,培养出政治家、外交官、高级神职人员、法国元帅、学院院士等不计其数。因此,学校被校友亲切地喻为"法国培养伟人的苗圃"。

英国威斯敏斯特学校是英国最好的私立高中之一,从17世纪起,学校的知名度就不断提升。学校尊重学术、尊重学生个体与个性,教学成绩显著,是英国学术成绩最优秀的学校之一,享誉在外。不仅有学生优异的考试成绩和进入世界名校的毕业生数,更在于学生对学术探讨和辩论的享受以及对远超于教学大纲的未知知识的探索热情,学生已经学会主动去寻找问题的答案,并在探究的过程中互相

---

① 托尼·里特. 伊顿公学:传统与现代教育的融合[J]. 全球教育展望,2007(8):3—7.

讨论辨析。这种学习能力和习惯会让学生们受益终身。这已经成为学校的显著特色。

从上可知,世界著名中学在服务国家社会的办学追求、培养学生“最好的自我”的办学理念、积极向上的学校精神的引领下,经过数代师生的努力探索和实践,培育出了大批优秀学子,形成了鲜明的特色。接下来本书逐一分析这些学校培育人才的内容和方法。

第二章

丰富的课程，弹性的教学——世界著名中学人才培养的内容与方法之一

从前文可知，世界著名中学办学的首要特点是服务国家社会的价值追求、培养学生做最好的自我的办学理念，以及追求卓越、积极进取的学校精神。正是源于这些价值、理念和精神的引领，才使得这些世界著名中学能够在长期的历史发展中克服各种困难，保持自身特色，服务国家和社会，并最终取得人们的认同。然而，要培养出高素养的人才，仅有崇高精神和正确理念的引领是不充分的。诚如身体的健康成长需要营养丰富的食物、适度的运动锻炼、充分合理的休息，学生思维和精神的成长同样需要应有的刺激、合适的精神养料、恰当的发展节奏等，这即是学校为保障和促进学生发展所提供的课程内容、教学安排以及评价方法等。

需要说明的是，有关世界著名中学人才培养的内容与方法，涉及的内容较多，本研究主要从两大方面来描述：一是本章中的内容，主要侧重于世界著名中学的课程设置、教学方法以及丰富多彩的社团活动等方面。在这一方面，国内同行对之认识较为充分，国内不少著名中学也在实践之中；二是下一章的内容，着重分析世界著名学在体育、艺术教育以及批判性思维的培养等方面。有关这些方面的内容，国内教育同行还缺乏相对一致的认识，国内知名中学对之实践的相对较少，而这部分内容又是本研究重点强调的内容，国内知名中学人才培养需要重点借鉴之处。

课程是促进学生发展的载体，要促进学生的全面发展与个性发展，没有相应的课程支持是无法想象的。上述的世界著名中学在开设基础

课程的基础上，还需要根据学生的不同需求，尽可能地开设丰富多样的其他课程。可以说，在其他条件相似的情况下，一所学校开设课程的数量和质量，决定着学生发展的程度，也决定着学校发展内涵的丰富程度。纵观本研究中选取的几所案例学校，每所学校都根据本校的办学理念、人才培养目标、学生的需求等，开设出了丰富的课程门类，相同的科目做出了不同难度的安排。

一、课程门类多样而颇具特色

学校课程的规划与设置是基于学校的办学理念与人才培养的目标的，学校的办学定位不同，开设的课程门类也不尽相同，现以英国的威斯敏斯特中学、伊顿公学和美国的斯蒂文森高中、安多夫中学为例，阐述如下：

（一）威斯敏斯特学校鼓励学生"为自己选课"

如前所言，英国威斯敏斯特学校以学生卓越的学术成绩、较强的好奇心及思辨探究能力在英国广受好评。该办学特色的形成离不开学校长期以来坚持为学生开设的诸多学术性强、门类丰富的课程。为此，学校不仅开设有和其他学校相同的课程门类，更在于学校开设出的"超越大纲"的课程和学术活动。常规的课程开设如 GCSE（初中课程）：英语、数学、生物、化学、物理、法语、德语、西班牙语、宗教研究、艺术、古典文明（包括拉丁语、希腊语）、信息通信技术、地理、历史、音乐、体育、PSHE 等；A-level（高中课程）有：英国文学、数学、高等数学、生物、化学、物理、艺术、艺术史、戏剧研究、经济学、历史、宗教研究、法语、德语、西班牙语、俄语、拉丁语、希腊语、音乐、地理、批判性思维、电子学、体育等。

在此基础上，学校开设出了超出"大纲"的学术课程（当然前提是学生对基础课程有了很好的掌握），学校也鼓励学生尽可能多地为"自己"选课，享受这种由智力探索带来的学术乐趣。为此，在 10—12 年级，学生要准备 10 到 11 门 GCSE 或者是 IGCSEs 的课程，这其中多半都是“为自己”而选的课程。在预科学习阶段(the Sixth Form)，学生通常会上 4 门 A-level 或者大学预备课程，这些课大多都是学生自己选择的。这些课程有的是为准备考试而选，有的课程不是直接为考试而开设的，而是为了拓宽课程知识点和学生的视野，以更好地发展学生的学术潜力。当然，学生在享受这种学术探索乐趣的同时，一般都能够进入理想的知名大学。

尤为值得一提的是，在预科学习阶段，为了能让学生选到自己想学而又能够考上知名大学的 4 门课程，学校开设出了 4 大模块的课程，学生只要从每个模块中选择一门课程即可，这四大模块分别是：模块 1，艺术历史、经济学、英国文学、数学、高阶数学、哲学和神学；模块 2，艺术、生物、化学、经济学、英国文学、法语、历史、拉丁语、音乐、物理、戏剧研究；模块 3，艺术、艺术历史、生物、经济学、英国文学、法语、历史、高阶数学、神学；模块 4，化学、经济学、英国文学、地理、德语、希腊语、历史、物理、哲学和神学、俄语、西班牙语等。每个学生从上述四个模块中分别选择一门课程，这将会有各种不同种类的组合，学校满足每个学生的学习需求。[①] 在发给学生的《课程手册》上，对每门课程的主要内容都有简介。学校鼓励学生在咨询他人意见的基础上，最终还是要自己做出选课的决定。同时，学校也给出选课的指导意见，如要明确课程学习的任务和要求，要敢于挑战自己的潜能，所选择的课要能够让你学习时有兴奋感等。

(二) 伊顿公学：在校体验的一切都是课程

伊顿公学作为一所全寄宿制的男校，致力于让学生在不断追求卓越的过程中养成独立思考和学习的习惯，给学生提供全面的教育以发现与发展学生的优势潜

① Westminster school six form courses 2017. http://www. westminster. org. uk/wp-content/uploads/2016/08/m15391_Westminster_6thForm_2017_AW5S. pdf. 2017 - 03 - 13.

能，培养学生的自信、热情、毅力、耐心和善良等品质，让学生成为“他想成为的人”。为此，学校认为课程是学生在校经历的一切，而不仅仅是一些学术性课程。[①]有时，在学校中获得的最为重要的东西往往是不能够用证书来衡量的。当学生来到伊顿公学，他会有五年的学术体验、体育运动体验、戏剧课程体验以及艺术的审美的体验等。或许，当他回首往事时，最为重要的体验是他的学舍、舍友以及在学校建立的友情。所有在学校经历的这些体验以及大学的学习体验，都是为了让学生成为“他想成为的那个人”的一部分。当然这个过程中学生家长也起着重要作用，学校只是一个重要的促进机构，为他理想的生活提供最大化的机会。当学生来到学校，他要学会如何与他人相处、如何适应寄宿式生活，在这个过程中，可能会遇到困惑，体验到成功的兴奋等。总体而言，伊顿公学的校园生活是丰富的、多样的、充满刺激和挑战的，这一切都会让学生获得成长和发展。

学校开设的学术性课程主要有：前两年较为宽泛的基础型课程，如英语、数学、生物、化学、物理、法语、拉丁语、希腊语、神学、历史、体育等，并在教师的帮助下制定适合自身全面发展的学习计划。进入第三学年后，学生学习的科目进一步扩展，要学习德语、西班牙语、俄语、日语、地理、古希腊罗马文明等科目。除此之外，学生在前三年还要选修一些颇具实用性和创造性的科目，如设计与技术、设计与制图、设计与操作、信息技术、英语写作、美术、音乐、戏剧与表演技术等。在后两年，学生还须修读 7 至 9 门主要课程，并参加相应的科目考试。同时，为开阔学生视野，学校还推出了一系列新的选修科目，包括古代历史、经济学、政府与政治学、美术史、音乐技术及高级补充水平体育研究等。[②]

尤为需要一提的是，伊顿公学除了给学生提供了尽可能多的可选课程的之

---

① The Eton curriculum. http://www.etoncollege.com/Curriculum.aspx. 2017-03-14.

② 赵国柱. 伊顿公学的精英教育[J]. 世界文化，2013(3)：47—50.

外，还对“有特殊需求的学生”提供特殊的学习支持。这些“特殊学生”可能是某个学科领域的天才，不满足于和其他同学一起学习。也有一些有阅读困难或是运动困难的学生。对此，学校专门成立了“学习支持中心”，有专人负责，通过不断地对学生的测评，来判断学生需要何种特殊的帮助以及需要帮助到什么程度和帮助的时间，直到帮助到学生不再需要为止。近年来，为了更好地适应社会生活的快速变化，也为了更好地转化伊顿师生教与学的方式，学校成立了“托尼・利特创新研究学习中心”。在该中心，伊顿公学的师生和高等院校以及其他兄弟学校的师生一起研究探索学科最新学术进展。教师在此进行教学研讨和反思，不断转变与完善自己的教学方式。

（三）美国斯蒂文森高中培养学科天才的高难度丰富课程

在各种国际测试项目以及人们的潜意识中，美国公立学校的学生学业成绩、尤其是数学、科技的成绩是不尽如人意的，学生的学习态度是自由散漫的。而美国的斯蒂文森高中恰恰与此相反，斯蒂文森高中以学生卓越的学业成就、高比率的常青藤大学入学率、科学数学特色享誉全球。该特色的形成离不开学校追求卓越的文化氛围、以及所招生的有天赋的学生，除此之外，学校的办学理念以及与此紧密相关的课程开设也是世界著名中学中一道亮丽的风景线。

学校的办学使命明确指出，该校致力于培养和提升进入该校的学科天才，尤其是数学、科学和技术领域等学科。学校只有一栋 10 层高的大楼，占地仅 9 亩。在一楼大厅最为醒目的位置用拉丁语写着“追求知识与智慧（PRO SCIENTIA ATQUE SAPIENTIA）”。为实现这样的办学使命和抱负，学校在课程开设方面不遗余力，必修课程涵盖生物学、心理学和地理，数学，化学和物理，计算机科学，技术教育，英语，世界语言，音乐和美术，健康和体育，社会学科等 10 大学科领域。每个学科领域又下设多门课程，所有这些课程根据难易程度又可划分为必修课程、选修课程以及为学有余力的学生开设的大学先修课程。选修课程门类多达

100 多门，大学选修课程有 30 门。按照其时任校长张洁的说法："其课程体系之庞大，堪比一所大学。"①这些课程既有各学科最基本、最核心的知识和技能，也有培养学生的学习兴趣爱好及能力拓展课程，还有做好中学与大学及职业生涯衔接的课程，为学生更好地适应和胜任今后的学习和工作提前作好充分准备。具体的课程设置顺序与门类，本书第一部分的第五章已有提及，这里不再赘述。同时，该校有着 12 个设施最为先进的学科实验室和实验设备，200 多个社团，30 多种学生自己编排和发行的出版物。诚如其一毕业生所言："去斯蒂文上学，就像去地中海俱乐部上学一样。"②

比如该校的特色学科之一，数学。针对那些对数学学科有特别的学习兴趣和学习能力的学生，学校专门开设数学"研究课程"。研究课程一般针对高一至高三的学生，每个学生可以选修一门数学研究的课程。该课程主要向学生介绍数学中许多分支学科的专题，包括几何、数论、博弈论、图论。在该课程的学习中，对学生的研究方法及研究论文的写作进行训练。学习数学研究课程的学生每年春天都会参加纽约市数学博览会。期间，斯蒂文森高中的学生将有机会与来自本市其他学校的学生进行研究论文的交流。

综上，为了培养全面而又有个性的高素质人才，世界著名中学都开设丰富多样的课程门类，供学生选择。当然，多样的课程设置也给学校的教学管理带来了诸多麻烦。为此，不少学校，尤其是美国的著名中学采用了类似大学的院系机构来管理学校课程的开发和开课。

(四) 院系的组织方式与课程设置的流程

这些著名高中开设了门类丰富的课程，而如此之多的课程，其开设的流程是

① 付艳萍. 美国公立精英高中是如何炼成的？[J]. 基础教育，2015(3)：70—77.

② 亚历克·克莱因著. 马蕾、李旭晴译. 揭秘美国最好的中学[M]. 上海：华东师范大学出版社，2009：13.

什么？如何进行课程的管理与评价，也是我们关注的重要方面。一般而言，面对如此多的课程领域和种类，这些知名中学发展成了类似大学的院系的组织形式管理学校的课程开设以及对课程的评估。

在安多夫学校，学校开设了300多门课程。对于这300余门课程，学校共设置了15个学科系来管理，分别包括：艺术系，古典研究系，英语系，历史与社会科学系，数学系，音乐系，自然科学部(生物学系，化学系，环境科学系，物理学系)，体育系，哲学与宗教研究系，心理学系，戏剧与舞蹈系，外语系。[①] 根据安多夫学校负责课程设置的教师福克斯先生介绍，安多夫的课程设置这些事情主要是由各个科系自己决定的。安多夫的科系都相对比较独立，也有很大的权力(当然很多人认为这是安多夫学校的一大弱点)，比如英语系和历史系并不互相讨论、互相合作。而在每个系内，老师基本能够设计几乎任何他们想上的内容。只需要和系主任讨论，然后系主任决定是不是可行，而90％的情况下都能通过，因为大家相信最有效的教学来自于老师教授他们自己感兴趣的东西。如果老师都不喜欢教材，那么学生很难喜欢。当然，也有些科系选修课很少，那么就很少有空间再增加选修课，就要等到原来教选修课的教师退休才能腾出位子。

核心课程的具体要求和讲授内容，则由学院系所决定，同时由学校的学术委员会负责监管，然后由全体老师商讨并投票决定。大部分的课程难度都是超过高等教育入学水平的。如果增加一门新课，系主任以及其他老师先一起讨论，通过讨论后，系主任呈给研究处的主任(Dean of Studies——相当于我国的教导处主任)，研究处会讨论决定是否通过。

在美国斯蒂文森高中，对课程的开设与管理也是由系来负责的。学校共有英

---

① Faculty and Departments. http://www. andover. edu/Academics/ProgramInfo/Pages/FacultyBios. aspx. 2017 - 03 -

语、数学(含计算机科学)、科技、物理、生物、化学、健康与体育、社会研究、艺术和世界语共 11 个科系,管理着内容广泛的必修课程和选修课程。值得一提的是,美国的课程不是按照年级来排的,而是按照难度来安排的,比如 100 开始的是最浅的课程,200 开始的是比较难的课程,即使初级的课程也有不同速度的上法,有普通班,也有加速班,加速班一般把两学期的内容放到一个学期上完。

二、重视学生综合素质的发展与精彩纷呈的课外实践活动

学生在校所受教育的效果,是由课堂教学与课外活动综合作用的结果,二者缺一不可。纵观世界著名中学的办学实践,这些学校的学生在高标准完成课内学术性课程的同时,也参加了丰富多样的课外实践活动,如各种兴趣小组、俱乐部、社团活动以及校外的各种社会实践活动等等。在参加这些活动的过程中,学生个人的兴趣、潜能得以更全面地激发和发展,个人综合素养得以提升。这里将结合案例学校的课外实践活动开设情况进行分析。如前所言,和多样的学术课程一样,每所世界著名中学都开始了种类丰富的课外实践活动(co-curricular),这些课程的组织有的是以俱乐部(club)的形式来开展,有的则是以兴趣小组(interest group)的形式进行等等。纵观各学校的课外实践活动,主要有如下几个类别:

(一) 体育健身

西方教育一直以来受到古罗马尚武精神的影响,学校十分重视体育活动,认为体育不仅是强健身体,更是鼓舞斗志、磨练意志的重要载体和形式,是发展学生健全人格必不可少的教育活动。所以这些知名中学既开设了较为共通的体育健身项目,如足球、篮球、排球、田径、击剑等;同时,各知名中学校也都有自身特色的

优势运动项目，如英国伊顿公学的墙赛、划船，新加坡莱佛士书院的足球、橄榄球、板球、曲棍球等。除了开设各种体育运动的课程，学校还会经常举办一些校内和校际间的竞赛，激发学生的竞争合作意识，养成团队精神，增强对团体和学校的归属感与认同感。与此同时，学校还会鼓励师生从事各种体育健身方面的研究，并给学生提供发表研究成果的机会和舞台。在罗素中学，除了传统体育，学生也可以选择其他活动，如攀岩、射箭、帆船、高山滑雪或跳舞等，保证学生拥有健康的体魄和竞争意识、冒险精神。在安多夫学校，整个学年中提供 30 多种运动项目。每周的 4 天时间内，学生必须参加其中的一项或多项运动。下午的 3 点开始，学生必须在运动场上运动 2—3 个小时，由每个运动队教练带领进行训练。学生每周平均花费 10—15 小时在课外活动上。

（二）艺术涵养

艺术既是调节紧张学习生活的活动，更是促进学生全面发展、培养健全人格的重要载体。为此，这些世界著名中学都开设了各种各样的艺术课程，如各种演唱类的合唱，独唱，各种管弦乐器如锡塔尔琴、小提琴、钢琴、双簧管、手鼓、电子吉他、摇滚、爵士乐等，以及各种陶艺、雕刻、绘画、戏剧，版画，摄影，各种唱诗班等。学生根据自己的兴趣爱好与学习时间选修课程。在修习上述课程的同时，利用节假日、周末等时间，学校以及学生社团等会定期不定期地举办各种演出，其专业水准和艺术水平极高，有时还会举行不同学校之间的比赛和同台演出等。通过这些艺术体育活动，学生的在校生活更加丰富多彩，为成长发展奠定全面而又坚实的基础。伊顿公学有着世界闻名的童声合唱团，它可以与闻名遐迩的维也纳童声合唱团媲美；在校学生组成的极为专业的乐队“伊顿乐团”、伊顿合唱团，每年都要在世界各地巡回演出，受到专家赞誉；有学生自己组成的各类“剧团”，表演话剧、喜剧、哑剧、莎剧等等；有各年级举办的艺术展，都是学生自己的作品，如绘画、雕塑、装置等。

（三）专业拓展

在学术性课程的开设方面，除了常规的本国语、数学、科学（物理化学生物）历史地理等课程之外，为给学生更宽广的成长空间以及满足学有余力学生的学习需求，这些学校还会开设一些综合性较强的课程，如哲学，旨在培养学生清晰、逻辑的思维以及正直的品德；研究方法论，教会学生如何做研究、如何进行批判式思维、如何整合跨学科的知识等；人文社会科学：上课内容可以是各个专题的集中授课，也可以请某个领域的知名学者进行演讲等。还有的学校基于本校的实际和优势所开设的天文、建筑、航海、地质以及近几年所兴起的 3D 打印、食品科学、材料学、环境保护、生物工程等课程，以拓展学生的问题解决和知识应用能力，养成综合素质。

（四）社会服务

社会服务活动同样是这些学校学生的必修课程之一。通过在社会服务的过程中对所学东西进行积极反思，将学生的课程学习与现实社会的问题和需要结合起来，既能促进学生的智力发展，又能促进学生的公民参与。同时，在社会服务中学习，学生有明确的学习目标，身体力行地参与服务活动，及时对所看所闻进行反思，这是学生积极学习、主动学习的有效形式。因而，课程整合、服务活动与及时反思，是服务性学习的三个重要要素。在美国安多夫学校，许多学生需要根据学校要求，在特定的时候会进行一定时长的社区服务。社区服务办公室提供 50 多种社区服务项目，也由通过公共服务机构为学生们提供向周围社区进行志愿服务的机会。学生每学期义务服务一次，或每周服务几个小时。新加坡莱佛士学院开设“社区教育课程”、“公民教育课程”、“国际服务学习课程”等，就是为了在参加社区服务过程中，加深对社会、政府、经济以及生态问题的理解。英国威斯敏斯特中学有一项公民参与计划，是作为培养良好公民的重要的教育组成部分。通过一系列设计好的项目和活动，学校鼓励学生走出校园，超越学术。学校期望学生在校学习期间，能够参与至少一项有益的项目。这个项目有三项内容：志愿者、募集慈善基金、其他外联项目和计划。学校的公民参与计划迄今已经进行到第三年，截止到2012年，超过300学生已经加入了志愿者计划。威斯敏斯特社区活动现在已经与学校文化融合在一起。

（五）领导力培养

这些著名中学办学的价值导向就是服务国家和社会的需求，因而在培养学生的课程中也非常重视领导力课程的开设，让学生在中学阶段就养成服务他人的价值观、具备团队合作的能力以及较强的个人综合素质。如新加坡莱佛士书院和澳大利亚盖普公立学校专设“领导力培养项目”，具体细化与落实各项领导力的课程。可以说，具有较强的领导能力于社会、于团体、于己都具有非常重要的价值。因后续会有专门的章节分析讨论“学生领导力的培养”，这里不做赘述。

三、适应个体学习节奏的弹性教学管理制度

每位学生的学习能力、学习速度、学习倾向度都是不同的。甲学生的数学能力很强，同样的内容，只用很短的时间即可学完，乙学生可能要用很长的时间才能学完。在科学学科的学习方面，甲和乙的表现又可能是相反的。所以，对每一门科目，学生的学习节奏都可能是不同的。为了尽量满足学生个体的发展需求，这些学校的教学管理制度相对比较灵活，比较弹性，尽可能地兼顾到不同类别、不同个体学生学习发展的需要。比如在芬兰的罗素高中，一般情况下，学生是3年毕业，但是学生也可以根据自己的学习能力和学习进度自定毕业的年限。如果学生的学习能力比较强，2.5年就可以学完规定的学习模块和任务，即修完75个模块即可（47个必修模块，28个选修模块），达到毕业要求就可从学校毕业。如果学生

的学习能力比较弱，可能需要 4 年或者 5 年才能学完规定的 75 个知识模块，达到毕业要求，如表 2-2-1 所示：①

表 2-2-1　《学年计划书》三种模块学习方式

	第一学年	第二学年	第三学年	第四学年
两年半毕业	30	30	15	
三年毕业	25	25	20	5
四年毕业	20	20	20	15

新学年伊始，学校都会发给学生一本《课程设置手册》，手册中包括对课程的总体介绍、课程安排、各科详情、任课教师、选修必备前提条件等。学生可以根据自身情况和各自不同的兴趣爱好，在课程顾问的指导下制定自己的课程学习计划。罗素高中要求学生在高中阶段必须要完成最少 75 个模块的学习，如果学生有兴趣、有时间，也可以修更多的模块。为满足每学期学生的毕业需求，罗素高中每学年都将所有必修模块全部开设。教室的安排与课程模块和参选学生人数挂钩，因此，经常看见不同年龄的学生坐在同一个教室里，接受同一位老师的教学，完成同一门考试。为了保证教学质量，每学段参加同一个模块的学生人数控制在 45 人以内。为了让学生更好地选择课程，每学年的前两周为试学周，如果学生上了两周的课程发现很不适应，可以退选本课，并重新选择其他课程学习。

在芬兰的罗素高中，除了国立节假日，每学年为 190 天，每学年划分 5 个学段，每学段持续 38 天，每学段结束后的 8 天为集中考试时段。如果没有通过本时段的考试，或是因为某些原因缺考，学生可以在下一个考试时段跟随下一届选修这门课程的同学补考一次，如果再不通过，则需要重修此门课程。虽然每门课程学完

① 王慧. 芬兰罗素高中探秘[EB/OL]. http://www.xzbu.com/9/view-3722929.htm. 2017-04-26.

时都需要进行考试，但好在考试形式多种多样，开卷考试、撰写论文、完成实验，甚至连学生参加社会活动和自我管理活动的表现也都计入学分。罗素高中规定每名学生每学段最多修读8个模块。因此，每学年最多可通过40个模块。但实际上学校不鼓励学生为了赶进度而玩命学习，而是认为学习的速度需要“迈着稳健的步伐”。因此，罗素高中给学生提供了毕业规划参考：每年要求通过5—30个模块。事实上，学习进度快，且没有其他安排的学生最短可以花2年的时间完成学业，大部分学生需要花3年时间，少数学生则需要4年。

提及伊顿公学的教学管理，不得不提“分班制”。学校会根据每个学生的入学成绩，在英语、数学、法文等不同的科目下，按照学生的水平划分出14个等级，较小的学科可以相应减少等级。每个等级设计对应不同的教学方法，老师要仔细研究学生在每个科目上的强弱，然后决定学生在某个科目上该编入哪个班。它与笼统的快慢班不同，一个学生不是被笼统地归在快或慢的班里，而是每一科在不同的班级里。入了“第一班”的学生，通常在这个科目上具有超强的天分和能力，老师对这些学生基本上放手不管，重点培养他们的自学能力和独立思考的能力。分入“低班”的学生，因为在这个科目上天赋和能力相对较弱，老师在课堂上不仅要慢，要细，还要一对一地进行个别辅导，及时加以鼓励，这样学生不会因为被划入“低班”而自暴自弃。

在英国的威斯敏斯特中学，其教学也是富有灵性的。在普通中学教育的前三年中，班级规模为15—20名学生，但在后两年中，班级规模缩减到6—12名学生。在最后两年的学习中，每个班级所学的每个科目都有不同的老师教授，借助于教师专业研究的不同领域，让学生学到许多种不同的学习方法，并且能够得到比A-level更高层次的、关于这个学科的更多不同领域的知识点。学生也常常被要求做更高标准的功课，来应对即将来临的A-level考试。在课堂教学过程中，教师们有着共同的期望，鼓励学生独立思考、主动提问和辩论，充分展示自我，以促进学生思维的成长。学校全面地提供了针对统一考试的教学大纲，但已定教学大纲并不能成为学生学习的“紧箍咒”，学校更为重视教学大纲之外的知识学习。因此，当学生离开学校时，都能表现出见多识广、能言善辩等品质。

学校有一个全职的学习技能协调者，指导学生安排自己的学习和修正技能。同样的，他也会指导有着阅读障碍和运动障碍学生的学习，通常是一对一辅导。比如，对于有阅读障碍的学生而言，这种学习技能指导是为了帮助学生，以他们自己最好的方式来应对阅读障碍，如怎么处理学习任务、记笔记、写小论文、完成阅读任务、复习等。指导老师不只是在某些特殊科目上辅导他们，而是在任何他们可能发生困难的特殊领域给予学习技能的辅导。并且学校也鼓励大部分有阅读障碍的学生使用文字处理器或者便携式电脑。

如前所言，在安多夫学校，课程也不是按照年级来排的，而是按照难度来安排的，比如 100 开始的是最浅的课程，200 开始的是比较难的课程，即使初级的课程也有不同速度的上法，有普通班，按照常规的进度来上课，也有加速班，可以把两学期的内容放到一个学期上完。在香港培正中学，基于教学目标的需要，针对不同学生的学习能力，学校设计了“拔尖保底”的教学管制度。学校课程设置上，学科中的英语、数学和中文施行年级分层教学。一个年级段，分层 4 个层次，把相同学习基础和学习能力的学生编在一个班级，便于老师教学和辅导。

在英国的盎格鲁欧洲中学，根据学业测试的情况，学校实行走班制。比如，数学学科好的学生在数学 A 班，较差的在 B 班，法语学科好的学生可能在法语 A 班等，每个学生根据自己学科的学习情况在不同的班级。当然这样给学校的管理工作带来了较大的困难。一节课只有 60 分钟的时间，除了课间休息的时候学生在走动之外，有时候需要占用课堂上 10 分钟的时间要让学生从这个教室走在那个教室，来到教室之后还要点名等。不过总体来说，走班制的确更能照顾到学生学习的特点和进步的程度。对于不愿意学习的学生，学校也有一定的惩罚和制约措施，比如作业没有交，需要给学生一个记录，该带的笔没有带，也要给学生一个记录，这样的记录多了，就会有一定惩罚措施，比如校长约见等。当然对于非常难管的孩子，学校会让其回家自学，以免因为个人耽误了班级其他孩子的学习。

四、数字化的教学环境，线上线下相结合的学习方式

斯坦福大学教授达夫妮·科勒(Daphne Koller)在2011年于《纽约时报》上发表了一篇名为《讲授式教学的的丧钟：技术成为个性化学习的护照》的文章，文中提及，2010年，美国教育部门基于45项研究表明：对于课堂上学习知识与在线上学习知识，其效果是一样的，而两种方式相结合的混合学习的效果，则好于其中任何一项。其实，这些世界知名中学在信息技术融合学生学习的实践探索方面也是非常领先的。这些世界知名中学，都较早地在学校内装备了信息技术的硬件设备，架构了有线和无线的互联网环境，给师生配备智能终端如台式电脑、笔记本电脑，现如今给学生配备IPad等，便于师生的教与学。

伊顿公学于2000年开始，就给每个学生配备一个电脑，方便学生课余查找学习资料，完成作业并提交给老师等，自2013年开始，学校的部分老师开始探索翻转课堂教学的形式，学校给每个学生配备IPad，老师通过学习平台引导学生学习新知，课堂上的时间用于完成作业、解决问题、创造探究等，如图2-2-2所示：①

在安多夫学校，虽然被采访的老师没有提及“翻转课堂教学”的名词，但是据学校课程负责人福克斯先生所讲的课堂教学模式，则非常类似翻转课堂教学的上法。福克斯说，安多夫学校的课堂非常强调讨论和参与。老师和学生之间更像伙

① Teaching and Leaning. http://www.etoncollege.com/TeachingMethods.aspx. 2015-04-25.

图 2-2-2　伊顿公学的在线学习与翻转课堂教学

伴的关系，师生之间非常平等。学生不仅仅需要理解材料，更需要积极地参与讨论，这也是作为学生的责任。因为小班的关系，老师也更容易管理，更容易关注每个学生并且应对每个学生的需求。举例来说，如果是诗歌阅读的话，他会鼓励让学生自己提出自己的问题和想法。他们会提出一些他们独特的见解，我就会引导他们去讨论他们自己的东西。在我看来，越是他们自己推动课堂的讨论越好。诗歌的讨论可以包括具体字词的选择，修辞的意义等等。英文的诗歌文学本身就比较含糊，可以有很多不同的解读。所以课堂教学应该引导出尽可能多的对同一文本的不同看法。而这些不同看法也要能在文章本身找到强有力的支持，也不能只单纯是学生阅读后的感觉而已，所以我会有引导地问他们：你从文章的哪里能找出支持你这种解读的证据。

那之前的作业就主要是阅读，还有写作。有时候也会给出一些问题，让学生在来课堂前先思考。写作占的量很大，因为是小班所以有条件让他们多写作，我也会及时经常地给他们反馈。反馈包括面对面的讨论他们写的文章，这是最有效的方式，或者就是文字反馈。福克斯先生和他的同事们经常会给出和学生文章长度一样的反馈，在学生的作业旁写了密密麻麻的想法，包括指出错误的语法问题、对一些论点的反应、对结构的批评和对论证有效性的评价。学期结束，老师要给每个学生提供总的反馈，总结他们在这学期的表现。

在新加坡，新加坡国立大学附属数理高中是最早利用信息技术带来的便利，从事线上线下相结合学习、进行翻转课堂教学尝试的学校之一。从2013年开始到2018年止，新加坡政府为基础教育的学生制定了一个“地平线项目”，旨在提升学生的信息技术素养，翻转课堂也是地平线项目的一个内容。2013年9月25日，新加坡教育部长王瑞杰(Heng Swee Keat)做了一个题为“学生中心、价值驱动的教育：为终身学习奠定宽厚基础”的工作报告，报告对信息技术推动翻转课堂教学模式改革给予了充分肯定和认可。在政府和教育行政部门的大力推动下，翻转课堂模式正被新加坡大中小学广泛采用。新加坡国立大学附属数理高中(NUS High School of Math and Sciences)是最早从事翻转课堂的学校之一。实施一个学年后调查发现，90%的学生非常喜欢翻转课堂这种学习形式，录制的课程对于课前预习和课后复习帮助极大。[①]

需要说明的是，诚如前所言，这些知名中学都比较重视培养学生的批判性思维能力，所以课堂教学中教师较多地采用讨论与交流方式，更多地让学生发表观点、教师点评的方式，尤其是人文社科类科目的教学更是如此。而对于基于项目的学习，或者是基于任务的学习，则更是强调学生学习的主体性，教师布置给学生所要阅读的任务、或是需要完成的项目，学生利用课余时间查找资料、写出阅读报告，或是进行项目设计等。在课堂上，学生发表阅读的感受、呈现项目设计的创意和思路，师生、生生一起交流碰撞，深化思维，完善方案。应该说，这样的教学方式在西方的大中小学课堂内很是常见，甚至先于“翻转课堂”概念的提出，是它和翻转课堂教学的理念和思路是不谋而合的。当然这些世界知名中学借助信息技术的便利，将上述理念和思路落实得更为完善。

---

① 田爱丽.实践与研究并重：美、加、新、澳四国慕课和翻转课堂实施的现状.创新人才教育，2014(3)：75—80.

第三章

高度重视体育艺术教育——世界著名中学人才培养的内容与方法之二

与本部分第二章相区别,本章主要从世界著名中学的体育、艺术教育以及学生批判性思维能力培养等几个方面来阐述世界著名中学人才培养的内容与方法。这几个方面的学生培养,国内知名中学虽有所认识,但是受制于评价等因素的制约,在落实和执行的力度以及在坚持性方面还远远落后于本研究中所述的世界著名中学。而体育、艺术教育、学生批判思维能力培养等则是人的综合素质培养所必不可少的要素。

一、培养坚毅的品格与合作的意识:对体育的高度重视

有人说,体育是全世界共同的语言。体育不仅仅强身健体,其本质更是人格教育,在体育活动中形成的积极进取、挑战极限、坚持不懈、团队合作的精神品质,对学生而言,是终生的力量和财富。诚如伊顿公学校友、滑铁卢战役中打败法国军队的英国威灵顿将军所言:“滑铁卢战役的胜利,是建立在伊顿的操场上,而非在教室内。”[①]这充分反映了学生在体育活动过程中养成的精神品质对个人、国家的重要性。

和国内知名中学的办学相比,对体育活动和在体育活动

① 托尼·里特.伊顿公学:传统与现代教育的融合[J].全球教育展望 2007(8):3—7.

中育人的高度重视是这些著名中学非常显著的特色。这表现在如下几个方面：

一是从育人理念来看，这些学校不仅把体育活动看作是强身健体的运动，更是将之视为学生人格养成和性格培养的重要路径。英国普通中学的课程，在伊顿公学只用二分之一的时间就能学完。剩下的时间，学生被要求学习参加各类贵族运动，比如英国人热衷的马球、赛艇、击剑等。伊顿公学对体育高度重视，甚至发出了“运动第一，学习第二”的口号。

二是从课时安排来看，这些学校的体育活动在课程表中占据了较多的课时，这有利于保障每个学生的运动时间。如伊顿公学的每周课程安排，每天下午都有体育活动，其中每周二、四、六下午，整个下午都是体育活动或者是比赛活动，以此确保学生每天都有足够的活动时间和活动量。[①]

三是这些学校体育活动的项目非常多，每所学校都有本校的传统体育项目。伊顿公学的体育课程设有8门必修体育课和27门选修体育课。[②] 赛艇、曲棍球、伊顿野地足球、田径、板球、网球、足球、英式橄榄球等8门必修课散布于春季课程、夏季课程和秋季课程之中。伊顿公学每周体育课时达23小时，学生基本上每天有半天的时间在运动，几乎与文化课时(31小时)平分秋色。1841年，在伊顿公学第一次出现了11人制的足球比赛，据说这是因为当时学校的每套宿舍住10名学生和1位教师，课后，宿舍间经常进行足球比赛，最终形成了11人对11人的赛制。1860年，伊顿公学制定了最早的现代曲棍球规则，十五年后，伊顿公学第一个曲棍球协会成立。

伊顿公学的体育项目主要有：橄榄球、足球、曲棍球、板球、羽毛球、篮球、保龄球、排球、打猎、网球、槌求赛、七人赛、五人赛、航海、爬山、武术、体操、高尔夫、剑

---

① 张婷.英国伊顿公学如何做到优质教学[J].教书育人·校长参考，2008(3)：56—58.

② 友友.伊顿公学和精英教育[M].北京：电子工业出版社，2011.

术、远足、水球、风帆冲浪、射击、各种田赛和竞赛等等。墙球赛、划船赛，是伊顿公学的传统体育项目。其中，伊顿划船赛的礼仪优雅浪漫，“伊顿五人”、墙赛、田野游戏赛等伊顿的特有运动勇猛粗鲁。在游戏般的体育运动里，男孩们不仅锻炼体魄，而且能形成同学之间的互相尊重、团结、合作、集体责任感和荣誉感。同时，高年级同学的言谈举止也是低年级同学的榜样，伊顿的良好校风、礼仪，就这样代代相传。时至今日，在校园里还是经常可以看到穿着 19 世纪的绅士服装的学生们在绿草如茵的草坪上打木球，甚至在周末都坚持运动。长期的体育运动，除了练就学生强健的体魄之外，还培养了学生的公平竞争意识、集体合作意识，磨练出学生坚韧顽强的意志品质，这是作为“绅士”基本的品质，也是伊顿公学生的基本品质。

在哈罗公学，学校的体育项目有篮球、羽毛球、板球、网球、足球、橄榄球、网球、回力网球、手球、划船、帆船、游泳、射击、击剑、马术、柔道、空手道、体操、田径、围棋等，学校特色运动项目是足球。

体育同样是安多佛中学的传统强项。其足球队、摔跤队、橄榄球队、游泳队和长跑队成绩在国内一直名列前茅。其与菲利普斯埃克塞特学院于 1878 年起，便开始举行一年一度的橄榄球争霸赛，至今已举办了 128 次，是美国顶尖高中间的最古老的对抗赛事。

在英国威斯敏斯特学校，一般周二、周四下午用来体育比赛，周六开展竞赛活动。学校提供了超过 25 项不同的体育运动项目，学生可以根据自己的意愿自由选择，如羽毛球、篮球、划船、攀岩墙、板球、越野、击剑、健身训练、英式壁手球、足球、高尔夫球、曲棍球、武术、无挡板篮球、圆场棒球、赛艇、帆船、射击、壁球、游泳、网球等。没有一项特殊的运动是强制给予的，尽管学生一旦在第一个学期做出选择，就必须至少在最初的两个学期执行下来。学生参与一些主要的竞技体育如划船、足球或者是篮网球等，将要在两个下午进行练习。如果是其他的体育项目，可

图 2-3-1　伊顿公学的划船赛

图 2-3-2　伊顿公学的墙球赛

以在周二选择一项运动，在周四选择另一项运动。有些学生在学校的整个学习生涯中都坚持同一个体育项目，但大部分学生会尝试不同的项目。[①] 而在所有的体育项目中，通过参与活动或者是竞赛，学生不管是独立完成任务还是作为团队一员完成任务，学校都尽力给其锻炼重要生活技能的机会。同样的，一些重要的品质，如尊重对方、礼貌、决心、主动性和交往技能都可以在与其他个人或者团队的竞争中得到发展。与此同时，学生还可以学会怎样成为一个"输得起的人"和"优秀的赢家"。学校期望，在学生的学习生涯中，体育运动将会成为学生经历中最愉悦、最有收获的部分。

二、培育健全人格和高雅品格：对艺术教育的重视

艺术教育是美育的核心内容。迄今为止，人类社会的三大价值追求即是真、善和美。以艺术教育为载体的美育是人类社会的最高价值追求，感受美、欣赏美、鉴赏美、创造美是人类最高层次的精神活动，也是人类和动物最为本质的区别。和"爱美之心，人皆有之"相对应，知名美学专家潘知常提出了"爱美之心，人才有之"，也就是说，爱美之心只有人才有，而动物是没有的。美国独立宣言的起草人杰弗逊总统有言："我们这一代不得不骑在马背上从事军事和政治，为的是我们的儿子一代可以从事科学和哲学，为的是我们的孙子一代能够从事文化和艺术。"和学术性学科重视人的理性发展相呼应，艺术教育重视人的情绪、情感体验，是发展人的情感、态度、价值观的必不可少的载体，因而是培养完整人格所不可或缺的重要组成部分。据统计，在诺贝尔科学奖获奖者中，有艺术素养的科学家要比其他

---

① Sport. https://www.westminster.org.uk/life-at-westminster/activities/sport. 2014-05-27.

普通科学家高出17倍。[1]

伊顿公学开设的艺术课程领域主要有绘画、版画、计算机作图、数字摄影、雕刻、陶艺。戏剧课程领域，包括表演、写剧本、导演等领域的学习，学校每学年有戏剧演出20场次。就音乐教育而言，自十九世纪以来，学校就开始进行非常严格的专业音乐教育。学校音乐设备精良，音乐系拥有世界上最新的乐器和设备。教师十分专业，聘请的音乐老师来自英国各地，有一些特聘的甚至是音乐家。学校的音乐课，一般都是一个老师教导一个学生，所以伊顿公学的学生学习音乐有着得天独厚的条件。音乐特长生可申请减免部分课程的学习，以便有更多的练习时间。学校现在有专职音乐教师7人，而短期访问的兼职音乐教师有近70位，每星期开设的音乐课程多达1000多门次，[2]包括爵士乐队、管乐队、唱诗班等各种类型。

如前所言，在英国威斯敏斯特学校，艺术学习的重点是基于个人独立的严谨观察，但也包括各种各样的想象力、审美和富有创造力的经验。借助于自我激励、个人发起的项目，由学生求知欲支撑，卓越的艺术学习成效才是可能的。所有的学生在9年级时学习艺术课程，大约有40个学生选修GCSE艺术课程。许多学生通过基础课程和学位课程继续攻读艺术学校，建筑学课程对学生来说是很受欢迎的。音乐和戏剧都是学校的重要课程。学校鼓励学生尽可能多地参与每周例行活动，包括彩排、朗诵、音乐会。戏剧课程在每个学习阶段都有开设，从9年级开始是每周有课，学生可以在普通中学阶段选修戏剧，在A-level阶段选修“戏剧研究”课程。在课程中，学生能够增强自信、人际交流、表达能力和文化自觉。[3]

---

① The Arts in Westminster School. http://www. westminster. org. uk/westminster/activities/the-arts/. 2017－02－28.

② Eton Music. http://www. etoncollege. com/Music2. aspx. 2013－10－20.

③ Art. https://www. westminster. org. uk/life-at-westminster/activities/art. 2014－05－18. Drama. https://www. westminster. org. uk/life-at-westminster/activities/drama. 2014－05－18.

三、发展学生的批判性思维，培养学生的自主能力

批判性思维（Critical thinking）是指结合特定的价值标准和理论基础，基于客观事实和数据，独立观察、系统分析和思考现象与事实的来龙去脉，做出合乎逻辑的判断，这种思考方式表现为不唯书、不唯上、不人云亦云，基于事实，有自己独立的见解，分析合乎逻辑，系统性强，并愿意接受他人的质疑和检验。批判性思维缘起于苏格拉底的“助产术”式的探究性思考，后经杜威“反省性思考”的发展，逐步趋向于一种特定的思考方式，具体包括解释、判断、分析、评价等能力。

学生的自主能力，是指学生能够根据目标的要求，找到自己在知识能力等方面的差距，并主动调整自己的行动策略和努力程度，以达到目标的动机和行为。自主性强的学生，无论是在学校还是以后走向社会，其成长和发展多数都是不错的。而自主性不强的学生，即使非常聪明，其学习和发展也很难得以保障。

具有独立思考和自主能力的人，在社会生活中就表现为具有较准确的判断力和行动力，个体能够认清形势发展之所需，并根据特定的价值标准作出合乎逻辑的判断，进而发挥个人能动性，承担责任，自觉行动，为改善个体和他人生活做出努力，这无论是对社会、对他人、对自己都是极有价值的。因而，对学生批判性思维能力的培养、发展学生的自主性，也是这些知名中学在学生培养过程中所极为重视的。

2000 年，安多佛学校在更新的办学宗旨中融入了新时期的特点。宗旨中写道：“全体教员将指导学生掌握技能，获取知识，并且能批判性、创造性地进行独立

思考。"[①]学校的管理者和教师非常重视培养学生独立的生活能力，有领导力和愿意分享的精神，能够回馈社会，有善良的品质。课堂教学的方式也突出培养学生的独立思考能力，课堂上以教师指导为主，重视学生个人自我探究，老师在课堂上教授学生如何独立思考。对于学生在校学习，在问及学校最看重学生要具备什么样的品质时，学校的管理者说，最重要的是独立的精神。因为安多佛学校是住宿制的，学生需要每天自己起床，安排做功课和一天的时间。8 点就开始上课，常常晚上 12 点到 1 点才能休息，没人告诉他们什么时候应该干什么，都靠自己安排、自己监督，以前在家里父母包办的事情，比如洗衣服，都要自己解决。

威斯敏斯特学校在课堂教学过程中，教师们有着共同的期望，鼓励学生独立思考、主动提问和辩论，充分展示自我，以促进学生思维的成长。学校很好和全面地提供了针对统一考试的相关教学大纲，但已定的教学大纲并不能成为学生学习的"紧箍咒"，学校更为重视教学大纲之外的知识学习。因此，当学生离开学校时，都能表现出见多识广、能言善辩等品质。[②] 诚如其学生所言，在我们学校，教师爱学生，爱学科，这对学生的学科兴趣有重要影响，他们更加像是引导学生独立思考的"向导"而不是标准意义上的"教师"。[③]

在新加坡莱佛士书院，学校专门给资优的学生开设"莱佛士哲学课程"，在第 1 至第 4 学年，学生学习批判和反省思维的技能，以进行理性化、逻辑化的思考，从而发展自我意识，提高应对新的想法和情境的能力。在芬兰的罗素高中，由于不分班级，罗素高中的学生管理主要依靠学生自己。学生在辅导老师的帮助下，完

① Statement of Purpose. http://www. andover. edu/About/PAToday /Pages/StatementofPurpose. aspx. 2014 - 05 - 18.

② Academic Life. https://www. westminster. org. uk/life-at-westminster/academic-life. 2014 - 05 - 18.

③ Westminster Academic. http://www. westminster. org. uk/westminster/academic-life/curriculum/. 2017 - 03 - 13.

成自己的学习计划。学校氛围宽松，学生自由度高。

综上，除了卓越的学术成就之外，世界著名中学高度重视在体育与艺术教育过程中培养学生的健全人格与高雅品格，重视培养学生批判性思维能力。唯有如此，才能培养出综合素质高、全面发展的优秀人才，以服务国家社会发展，引领时代潮流。

第四章

注重发展学生的领导力——著名中学学生领导力培养课程

领导力是指影响和改变他人思维和行为实现组织目标的能力。现代社会是一个高度专业化的社会，任何事件的成功，离不开专业的分工与合作，离不开卓有成效的领导。“一只狮子率领一群绵羊的队伍，可以打败一只绵羊带领一群狮子的队伍”，“大海航行靠舵手”，“一个好校长就是一所好学校”等俗语，都说明了领导的重要性。可以说，一个组织有好的领导，既是员工的幸运，更是社会的幸运。当今社会，各组织单位都渴望富有创造性的、卓越的领导者。

而在领导力培养方面，中学学习阶段至关重要，因为领导力最本质、最基础的要素是一个人的世界观和价值观，而中学阶段是人的世界观和价值观形成的最重要阶段。① “许多成功人士谈到，他们的领导生涯是从中学生活开始的。”②因而，西方发达国家早在二十世纪五六十年代，就开始认识到中学生领导力培养的意义和价值。不少世界著名中学在这方面早就开始了探索，并取得了卓著的成效。英国的伊顿公学以“精英摇篮”而著称，英国20位首相和多位企业政界领袖毕业于该校，承担领导责任的文化已经渗入每位师生内心。美国威斯敏斯特中学，是美国知名的私立高中，学校的办学宗旨之一就是：“为世界各地培养领导人。”新加坡莱佛士书院创办之初就定位为培养社会领袖人才，并在发展过程中明确了如下的办学追求：“通过在服务中领导或在领导中服务，培养未来社

① 于殿利. 培养中学生领导力就是培养国家的未来[J]. 中小学管理，2013(5)：16—18.
② 陈玉琨主编. 领导力开发[M]. 北京：商务印书馆，2011：4。

会的领导者、思想者和先锋者，李光耀、吴作栋总理等均毕业于此校。新加坡华侨中学的愿景是“成为培育领袖的世界级学府”。香港圣保罗男女中学的宗旨是“秉承基督教‘信望爱’的精神，培育学生成为未来的领导人才”。澳大利亚墨尔本女子中学的座右铭是“致力于培养女性领导力，发展女性最大潜能”等。

一、构成领导力的核心要素

世界著名中学在中学生领导力培养方面的思考和实践，有如下共同共识：

1. 服务他人和社会的价值追求

英国伊顿公学成立之初时之所以被命名为“公学”，原意是为贫穷学生提供免费教育，让贫穷孩子也能进入该校读书，后来发展为英国王室、政界经济界精英学习之地。伊顿公学学生深知，他们肩负着管理这个国家的责任，对伊顿公学的学生而言，最重要的一点是“当自己离开中学时，应有贡献社会的愿望，否则就被视为学校教育的失败”。[①] 而“责任、荣誉、国家”是每个伊顿人牢记的核心价值观。香港圣保罗男女中学倡导学生要有“崇高的品德及奉公忘私”的精神。[②] 美国威斯敏思特学校的使命是：“激发年轻人学习和探索的激情，在各种项目中发展多元能力，出类拔萃，充满智慧，有良好的性格，服务于他人而非自己。”[③]

2. 勇于创新和担当的精神气质

当今社会瞬息万变，不确定因素越来越多，时代需要能够在继承的基础上顺

---

① 周成平. 外国著名学校的管理特色[M]. 南京：南京大学出版社，2009：19.

② 香港圣保罗男女中学. 理想与使命. http://www.spcc.edu.hk/chinese/about_us/vision_and_mission，2013-10-19.

③ WestminsterSchoolMission & Core Values. http://www.westminster-school.org/podium/default.aspx?t=6841. 2013-10-19.

应社会变化、引领社会发展的创造性领导者，而非因循守旧、故步自封的守护者。因而，勇于创新，敢于冒险，并愿意为此承担责任，被不少中学视为卓越领导所必需的品质。比如新加坡莱佛士学院重视学生领导力培养表现在学校的方方面面，学校的校徽是半狮半鹫（鹰）的怪兽，这代表着学校培养的人才具有鹫的速度、高度和洞察力，以及狮子的力量、勇气和威严。

3. 充满自信和坚韧的品格特征

美国威斯敏斯特中学的校训是“坚韧和优雅（Grit and Grace）”，阐释着学校学生能够取得成功的原因，这不仅表现在学生在校学习期间，还表现在其一生的生活工作中。奥达利亚盖普公立中学相信海伦·凯勒（Helen Keller）的观点，即性格需要在艰难的体验和尝试中形成，而不是在安静和闲适的环境中发展的，只有在痛苦的遭遇中，灵魂才得以强大，视野得以拓展，抱负得以激发，成功得以达成。新加坡华侨中学的发展愿景是“成为培育领袖的世界级学府”。为此，学校融合中西文化，扎根传统，继往开来，培育的学生具有仁义诚信、热忱睿智等品质。

4. 善于沟通与合作的团队精神

美国安多佛学校招生中有面试环节，目的就在于寻找那些努力学习、愿意合作并多才多艺的学生。并且面试中有一项规定：安多佛学校不招收不能和成人进行大方交谈的学生。学校也非常重视对学生进行这方面的培养和教育，让他们具有“他者”意识，尊重他人，尊重自己，关爱弱者，理解他人。香港圣保罗男女中学在领导力培养方面，特色项目是让学生参与的香港野外拓展项目，目的是让学生在陌生环境中体验富有挑战性的项目，在此过程中学会关爱他人，照顾自己，服务社会。在成长体验营活动如野外露营、背摔、绳降、攀登山峰等项目中，学生学会了团结合作，深化了彼此的情谊。

5. 兼具学术和特长的综合素养

纵观世界著名中学的办学理念，培养全人，即学生不仅学业成绩良好，而且个人兴趣和特长等都得以充分发展，是其突出特点。比如澳大利亚盖普公立高中的办学目标就是“培养全人”。就现实而言，这些著名中学都以学生学业成绩优秀和特长得以发展而著名。学校对学生学业有着严格的要求，所学课程内容的深度和广度都高于其他学校。学生毕业后进入世界知名大学的人数比例也远远高于其他学校。比如在伊顿公学，学生每年除了要参加全国性的学业考试之外，还要参加伊顿自己的考核，很多学生能够轻而易举地通过全国性考试，但通过伊顿自己组织的学业测试就非常具有挑战性。学生通不过伊顿测试，就会被要求转学。美国安多佛学校的章程明确规定：来自每个地方的年轻人能够明白，没有知识的善良是虚弱的，然而没有善意的知识是危险的。学校也经常向学生灌输这样的理念，自己必须要有一技之长，否则无法在社会立足，无法提升自己，更加不可能成为社会的精英和领袖，回报社会。①

二、提升学生领导力的实践策略

对于上述领导力必备的素养，中学阶段该如何培养，有哪些经验可以借鉴，同样是我们关注的问题。归纳总结世界著名中学学生领导力培养的实践策略，主要有以下几个方面：

1. 开发领袖培训系列课程

纵观这些中学领导力培养的策略，开发系统的领袖培养课程是其重要环节。开设的领袖培训课程既包括学术性课程，也包括活动性课程。学术性课程主旨在

① PA Statement of purpose. http://www. andover. edu/About/PAToday/Pages/StatementofPurpose. aspx. 2011-8-26.

于阐明领导力在个人生活和社会生活中的重要性，树立领导所需的价值观，讲解有效领导的各种类型以及领导的榜样。该课程也让学生明确，生活中每个人都同时是领导者和被领导者，成功生活取决于你能够及时分辨出自己所处的形势，并做出适当回应。活动性课程是指学校组织的让学生参与的各种实践项目，是为了让学生有充分的参与和体验，在活动中应用学术性课程的有关理论，并在实践中不断挑战自我的极限，超越学生的"舒适区"，磨练学生的性格和意志，锻炼学生的综合能力。

在领导力培养的课程开设方面，澳大利亚盖普公立中学有着系列举措，学校根据不同年级学生的特点开设了如下的课程：①

8 年级：团队建设、露营、竞技体育、健康课程、领导机会课程、各种比赛活动、各种挑战活动、舞蹈；

9 年级：露营、先锋队、健康和幸福、组建领导小组、领导活动的指导、各种挑战活动、体能和精力的迅速恢复；

10 年级：露营、灌木从中穿行、问题解决、社区服务、人的精神和个性倾向、各种挑战活动、如何做人生规划和选择；

11 年级：露营、哲学和精神、紧急救助、各种挑战活动、参与领导实践；

12 年级：生活技能、生活技能 2、各种挑战活动、体能和精力的迅速恢复。

2. 树立卓越领导的榜样

榜样引领是有效教育的重要方式，在学生领导力培养方面同样如此。一方

---

① The Gap State High School Junior Curriculum Handbook. https://thegapshs.eq.edu.au/Supportandresources/Formsanddocuments/Documents/junior-curriculum-handbook.pdf. 2013－03－15. The Gap State High School Senior Curriculum Handbook. https://thegapshs.eq.edu.au/Supportandresources/Formsanddocuments/Documents/senior-curriculum-handbook.pdf. 2013－03－15.

面，这些学校的领导力培养课程中会介绍有关卓越领导的榜样，让学生阅读和了解他们的人生经历和成长事迹，感悟榜样人物的精神追求和内心世界；另一方面，这些中学在长期的历史发展中，培养了大批优秀人才，在社会上产生着广泛而又深远的影响。这些优秀的校友，对校内的学生发挥着良好的示范和引领功能。英国伊顿公学被称为“世界级精英人才的摇篮”，英国众多皇室子弟和历史名人曾在伊顿公学攻读过，20 位首相、36 位维多利亚十字勋章获得者都是该校的毕业生。因而，来这里读书的学生，都有着强烈的意识：“我们要管理自己的国家”。新加坡莱佛士学校培养了李光耀、吴作栋在内的多位社会领导者，这本身对学校的学生即是很好的激励和鼓舞。

3. 提供校内外各种领导机会

给学生提供各种参与领导的机会，让学生在参与领导与被领导的实践过程中学会领导，是学生领导力培养的重要举措。纵览这些学校提供给学生的领导机会，既包括校内的各种领导机会，也包括校外的各种领导机会。

(1) 搭建校内领导的各种平台。为更好地锻炼学生的领导能力，同时也为了更好地服务于其他师生，学校都会设置学生会、班级执委、各种社团和兴趣小组等。比如在伊顿公学，学校有相当多的社团、运动俱乐部和各类兴趣小组等，这些社团的活动由学生自己管理、组织，从而让学生为今后投身政治做好充分准备。在这些社团中，男孩子们通过竞选得到要职。因此，从很小开始，学生就要变得精于施展魅力、善于拉选票和处事圆滑等。威斯敏斯特学校每周在星期二和星期五的讲坛上，有两次学生组织和参加的公开演讲(Chapel program)。讲坛上，学生可以向听众演讲 30 分钟，演讲内容涉及范围很广，从全球变暖到道德伦理，从安全健康到学生个人成长等等。

(2) 提供校外领导服务的机会。在美国，“服务学习”项目深受师生认同和欢迎，学生在服务社区的过程中获得的体验和感受，是其他活动所不能取代的。这些知名中学，经常组织学生参加各种社区服务项目和社会慈善活动，服务街道、社区和社会上有需要的群体，如为福利院或养老院的孤寡老人提供帮助、为特殊学校的残疾儿童提供帮助、为医院或博物馆等公共场所提供服务、为保护环境的活动提供支持、为维持交通安全提供协助等。学生在为社会做出贡献的过程中提升自身的领导力和综合素养、完善自身人格，尤为重要的是，“在此过程中，学生发展出了服务他人的神圣责任感”。①

美国威斯敏斯特学校的重要使命之一就是，通过组织系列活动，让学生意识到“为他人服务”(service beyond self)的重要性。学校倡导和鼓励所有学生参加社区服务，当然学生可以选择他们服务的内容和服务的方式。学校有各种社团如S. O. N. (serving our neighbors)、The John Hay Society 和各种各样的课后项目，给学生提供社会服务的机会。在服务他人的过程中，学生个人获得了积极的成长体验。新加坡莱佛士书院对于有领导潜能和意愿的学生，提供在政府各部门实习的机会，以便让他们在更高层次上了解公共决策和社会服务的复杂性，这样的活动深受学生和家长欢迎。

4. 营造学生追逐自己梦想的氛围

英国伊顿公学的校友帕拉什·戴夫(Palash Dave)在回忆学校生活时曾说过：在这里，你受鼓励追求任何你可能拥有的梦想。它允许学生持些异议，某种程度上鼓励这样做。② 显然，这对那些想得到领导角色的人而言是非常适合的。如前所言，早在1896年，时任伊顿公学校长威廉·考利(Willian Corry)曾言：“去一所伟大的学校是为了学习认识自我。”③罗素高中校长也认为，教师在课堂上要做的就是帮助学生认识自己的思想，使他们成为能够独立思考的人。为此，这两所学

① St. Paul School sevice items. http://www. sps. edu/podium/default. aspx? t=50425. 2015-03-24.

② 王鑫方等. 伊顿公学卓越和特权[J]. 人民文摘，2010(7)：56—57.

③ Eton introduction. http://www. etoncollege. com/Introduction. aspx，2013-3-20.

校都设置了学生顾问制度，对学生在学习、生活、心理、人际交往以及职业选择等方面进行及时、有针对性地辅导，帮助学生认识自我，制定自我发展规划。担任学生顾问的人员有专职顾问者，还有学校教师、学校校医以及优秀学生等。

正是基于上述对领导力重要性的认识以及系统性的领导力培养的课程，这些知名中学在悠久的历史中培养出了在社会各行业的领袖人才，对推动人类社会发展起了重要的推动作用。令人欣慰的是，最近几年国内的一些知名中学业已经意识到了学生领导力培养的重要性，并开始了相应的实践探索。

第五章

支持到位，保障齐全——世界著名中学人才培养的保障措施

本章主要从学生管理、学生评价、教师队伍建设、家校关系、招生制度等五个方面论述世界著名中学在人才培养方面的保障措施。

一、个体与集体相结合的学生管理制度

对学生的教育，这些知名中学除了开设了丰富的课程之外，尤为重视对学生个体的管理，设计各种制度，让每个学生接受到优质教育。在学生管理方面，这些制度主要有：

1. 导师制

像国内的研究生培养方式一样，在这些中学内，每个学生都有一位导师，当然，一位导师会同时指导5—6位学生。导师和学生一起制定学生个人学习计划、选修课程、进行职业生涯规划的指导，甚至帮助学生一起解决学生生活和心理方面的不适等。本科生导师制的发源地是英国牛津大学，对导师制最为形象的解释就是，导师和学生一起聊天、交流，导师对着学生“喷火”，直至点燃起学生心中的“熊熊烈火”。这是一个在导师的帮助下让学生发现自我、并成就自我的过程。

在伊顿公学，正式入学伊始，每名学生被指派一名导师，舍监本人也担任导师一职。导师一般任期3年，学生升入C

年级，则重新选择导师。在伊顿公学，导师制既是师生之间密切交往的纽带，也为不同舍馆间的学生创造了交往的机会，除个别交谈指导外，导师还经常带学生出校去剧院，参加音乐会。在低年级，导师通常更关注学生的个性、社会和健康发展，而高年级则更注重学生的就业和升学指导。

在安多佛学校，每个学生都有自己的导师，导师指导学生发展自己的个人兴趣。学生会被灌输一些理念，自己必须要有一技之长，否则无法在社会立足，否则无法提升自己，更加不可能成为社会的精英和领袖，回报社会。在学术方面，导师至少每两周和学生碰面一次，进行课程指导。课程指导的一个重要内容是要保证学生顺利完成每个年级的课程要求。另外就是根据学生的兴趣爱好，给予一些选课上的建议。指导老师的职责并不是直接告诉学生去做什么，而更多的是告诉他们有哪些选择方向。学生要和不同的人物讨论，如和父母商量，最后自己做决定。

2. 寄宿制

这些知名中学，都是在全国乃至全世界范围内招收学生，所以，寄宿制就成了这些学校的一大特点。当然，除了这种客观因素导致的学生必须要寄宿之外，学校更是把“寄宿制”作为教育学生的一种重要途径。他们认为，在寄宿的环境中，学生能真正学会集体生活，与他人友好相处。当然，利用寄宿带来的便利，尤其是晚上较为宽裕的时间，学校可组织学生的集体活动，如朗读、体育、艺术活动，这既是教育学生的重要形式，又能提升集体的向心力和凝聚力。

作为寄宿制私立男校，宿导制在伊顿公学有着数百年的历史。学校宿舍几经扩建，现有25幢学生舍馆，其中除70名国王奖学金获得者统一居住在学校中心的学院楼外，其他24幢舍馆均为50人左右。每个学生都能有自己独立的卧室，设施配套齐全，舍管管教素以严格见称。宿舍戏剧赛是伊顿公学的经典舍馆文艺活动。每年有10—12场宿舍剧在校剧场或工作室演出。学生5年的学习时间里，每个舍馆都会演出至少一场。与学校剧相比，它旨在吸引更多的同舍男孩参加，因而角色和后台人员也更多，预算往往也更大。活动由学生组织，成人仅负责指导。每年春季期有全校性的宿舍剧赛，设定表演时间不超过 30 分钟。决赛由校外专业人士任评委，并颁发奖品。

在美国安多佛学校，每幢宿舍楼相距比较近，生活顾问居住在宿舍楼里。每个宿舍楼的住宿人数为 30 或 40 人。每个寄宿学生配有一位生活顾问老师（house counselor），对学生的生活及其他方面进行建议、参谋、指导。老师不但要教学，还要在住宿楼里担任宿管老师的角色，这里宿管老师的角色要复杂得多，要详细了解每个学生。每天晚上如果有学生敲门进来讨论问题，都要耐心接待，所以对老师来说，就是把全部的精力都贡献给了学生。宿舍管理也相当严格，如果房间里有异性来拜访，要签到，并且规定房门一定要开到一定的角度（不同的年级要求不一样），宿管老师也要经常去监督保证学生不在寝室里有任何不当的行为。学校纪律比较严格，纪律委员会的一些规则看起来很滑稽，但是整体规则相当公平。学校给犯错误的学生两次机会，学生如果认为遭受不公正待遇，会向行政人员提出抗议。

英国威斯敏斯特学校内，现在大约有四分之一的学生寄宿，这就意味着一个有着大约 180 个男女学生的热闹寄宿社区。大部分学生会在周末的时候回家，但也有少部分年长的学生会选择留在学校。学校有一个完整的支持系统，配有男女舍监，寄宿条件非常完备，寄宿生可以得到极为周全的照顾。学校认为，寄宿制管理的优势是学生生活轻松、愉快，能够有大部分的时间和朋友在一起。学生能够充分利用学校扩展的晚间项目如音乐会、戏剧、演讲等，进行交流和学习。每天晚上，从 19 点 15 分到 21 点，学校都会安排舍监和导师来帮助学生准备功课。当然，寄宿的学生周末是可以回家的，或者因特殊的情况回家，如家人生日或宗教节日。

于墨尔本女子中学的校园生活而言，雅拉河是奇特而重要的存在。学校就坐落在风景如画的雅拉河河岸，这里的学生每天都沐浴在静谧的风光中，呼吸着带着淡淡甜味的空气，感受着迎面扑来的和煦的微风。雅拉河在校园生活中的地位重要，学校夹克衫上所佩戴的纹章均是以它作为标志物：紫色、白色、绿色三色条纹的结合，正是英国女子社会政治同盟的标志色。所有报道入学的新生都将会分配到相应的宿舍楼，每一栋宿舍楼都会有特定的标志色。目前，墨尔本中学内的四栋宿舍楼分别以奇泽姆、里昂丝、梅尔巴、玛丽斯命名，她们都是澳大利亚历史上卓越的女性，以出色的领导力，非凡的勇气以及骄人的成功而闻名遐迩。奇泽姆楼是绿色的，代表生机与成长；里昂丝楼是白色，代表独立与目标；梅尔巴楼是蓝色，代表追求卓越；玛丽斯楼是紫色，代表自尊。每一学年，宿舍楼之间都会进行一系列的竞赛，以促进和鼓励学生之间的团队合作与热情，这对所有的女生而言都是极好的锻炼机会，她们都会踊跃参加，尽情展现自我。

3. 学长制

学长制，有人认为最初发源于英国伊顿公学，也有人认为是英国的哈罗公学首创，它是指通过高年级学生以平等、博爱的精神与新生实现良性互动，帮助他们解决在全新的环境中所必然面临的各种学习、生活以及情感上的困难，以让学生早日适应学校生活的学生管理制度。高年级学生优雅的举止、端庄的衣饰，对低年级学生来说，都是良好的榜样和有力的示范。同时，学长对低年级的学弟学妹也是承担相应的管理责任的。低年级学生犯了错误，不仅要遭受老师的批评，也会遭到学长的批评。

莱佛士书院设有学长团，学长团分为 5 个部门：福利部、沟通部、人力资源部、纪律部和校徽精神部，尤其是校徽精神部，主要负责提倡已淡化的“莱佛士精神”。进入学长团的过程为期 5 个月，包括提名、面试、竞选活动及竞选。所有中一、中二学生，以及中三的外国学生都可被提名。赢得竞选的学长将在为期 4 个月的过渡期后，正式进入学长团。学长团除了维持纪律以外，也举办各种活动，包括校内艺术比赛(Rafflesian Spotlight)、社区服务活动等。

4. 小班化

为了更好地让学生受到个性化的教育和辅导，满足学生个体的学习需求，这些知名中学的生师比是比较低的，一般是 8 ∶ 1 或 10 ∶ 1。比如，伊顿公学有 150 名专职教职员工，1500 名学生；斯蒂文森高中 2300 名学生，230 名教职员工。而在普通的中学，这个比例会达到 15:1 左右。在这些知名中学，一个老师面对更少数量的学生，以便老师更好地了解每位学生的学习基础、学习特点以及学习需求等，更好地满足学生个性化的学习需求。在安多佛学校，教师与学生的人数比例为1 ∶ 5，课堂平均学生数为 13 人。老师认为，小班教学的好处主要是可以培养学生的思维习惯，这在大班教学是无法实现的。学校的苏珊女士表示，在小班中，她会用很多问题来激发学生的思考和参与，同时也会在课程评价中设置很大一部分是课堂参与和表现，需要学生在课堂上有质量的发言。福克斯先生对小班教育优势的理解是，因为每个老师需要管理的学生数不多，所以老师能够针对每个学生花费更多的时间，阅读他们的作业、论文，提供一些有用的建议和反馈，并且真正理解学生在想什么。作为老师，他觉得学生越多，对每个学生的了解就越少，而作为老师最重要的就是去发现每个学生现在的层次和状态如何。

5. 宽严相济：严格管理与人文关怀相结合

无疑，在这些知名中学内，对学生的管理是严格的。据说，鞭刑最初是由哈罗公学发明的，当然现在已经取消了这样的惩罚措施，但也可以看出学校对学生要求之严格。

在伊顿公学，校规也很严格，但学生也不一定感到痛苦。一年级学生入学，有10％—20％是没有集体生活经验的家中宝贝，校方的第一个措施是，家长前三周一律不准探望。在不准学生留恋父母温情的同时，学校给予学生同学之间、师生之间集体的温暖。学校还把各种娱乐、体育和业余生活等安排得满满的。每天长知识而又有趣的活动之后，男孩们还没来得及想家，就已疲倦得呼呼大睡。

在平日的学生管理方面，伊顿公学的校规清晰而又具有可执行性。比如对于不做作业或晚交作业，或者上课捣乱的学生，会被列入“黄表”，必须连着三天到五天早上七点半起床，到校长办公室签名报到。违纪相对严重的，会被舍监列入“黑名单”，必须到校长办公室检讨自己的过失，挨上一顿批评。最严厉的惩罚当属“白票”，必须连续5天每节课后请老师签名，同时，还要向舍监汇报当天作业完成的情况。在严格要求学生的同时，这些学校都非常认同优秀学校的一大特点是校内有着家庭般愉悦的氛围，学生心理放松，对校园生活有认同感和依恋感。所以，不少学校都表示对学生会有“牧师般的关怀(pastoral care)”。学生在生活、心理等方面有任何不适应，学校会尽最大可能提供帮助和辅导。

在安多佛学校，有200多位全职和兼职的教师，他们当中有37位博士、121位硕士，学校95%的教职员住在校园里。老师不仅在课堂上传授知识，而且在课外活动中指导孩子们如何去获得成功，还在生活中无微不至地关爱着孩子们的成长。老师时刻关心孩子们的身心健康，使其各方面平衡发展。

二、重视学术和个人特长发展的评价制度

这些知名中学的学生生源都比较好，学生基础好、智商高、学习能力强，所以不论有意追求还是任其自然，无论何种形式的学业评价，这些学校的学生的学业成绩都是比较好的，这也是这些知名中学的毕业生能够进入世界知名大学的重要原因。但是与此同时，这些学校的学生除了好的学术成绩以外，个人的特长与爱好也能够得到很好的培养和发展。

威斯敏斯特学校是英国最好的私立高中之一，从17世纪起，学校知名度就不断提升。学校重视学术，尊重学生个体与个性，教学成绩显著，是英国学术成绩最

优秀的学校之一，学生的考试成绩一直保持一个较高的水平。在学术发展之外，学生的兴趣爱好各有不同，有的喜欢体育活动，有的喜欢辩论活动，学生共同的特点在于，有很强的口头表达能力、自信、有强烈的社会责任感，并且都为进入大学和社会做好了充分的准备。学校有着丰富多彩的课外活动、广泛的运动项目和比赛，在音乐、戏剧和艺术方面也很出众，并且组织了很多的音乐和戏剧活动。学校邻近伦敦博物馆、美术馆、音乐厅和剧院等，本身与大学、商业有着密切联系，这些都意味着学校教育已经远远超出了学校边界。这种“没有围墙”的教育形式，给了学生充分的自由空间。

相对于比容易的全国统考(GCSE 和 A-level)，伊顿公学更看重本系统内对学生质量的把握，即伊顿考核。它的考核时间定在每年 12 月(区别于“统考”的 5—6 月)。但初入伊顿公学的学生，在一二年级，还要在夏天多加两次考核。因此，伊顿学生在校 5 年，一共要通过 7 次“伊顿考核”，“伊顿考核”比 GCSE 难得多。伊顿学生几乎都能通过统考，却不能保证都能通过伊顿考核。如果不幸几次没有通过伊顿考核，孩子就必须转学了。同时，伊顿考核在校内决定着下一学期学生的分班，在升学时，如剑桥国王学院等，会更看重伊顿考核展示的学生质量。即使如此，伊顿公学还是提出了“不追逐学术第一”的教育追求。这一教育思想体现了伊顿公学将学生对教学大纲知识的掌握视为基础，但不是重心，重点强调的是学生能力的培养和人格的完善。如前所言，学校将“独立”、“个性”、“友爱”、“忠诚”、“尊严”、“勇敢”、“传统”、“绅士”、“幽默”、“使命感”十种基本素养，作为开展人格教育的基石。[①] 这十个关键词，是伊顿的经典法则，也体现着伊顿精神。塑造完美人格，是伊顿公学的办学特色所在。

“莱佛士学院”是莱佛士书院内的一个专门机构，创始于 2007 年，是一个人才

---

① 友友. 伊顿公学和精英教育[M]. 北京：电子工业出版社，2011：3—50.

培养部门，旨在满足特定方向的资优学生的学习需要。莱佛士计划（Raffles Program）是一项为期六年的一贯制莱佛士书院和莱佛士女校课程。它的课程模式和框架基于资优教育的原则服务于那些有更高能力的学生，或者兴趣和动机比同龄人多样、需要更多的个性化关注的学生。莱佛士学院成立的目的就在于满足这一群学生，丰富与深化他们的学习。参加项目的学生从3年级到6年级都有，学生可在第3学年和第5学年参加莱佛士学院，并修读学院开设的八个科目中的最多两门，科目包括：物理、化学、生物、数学、文学、历史、地理、音乐。目前，莱佛士学院有大约100名3年级学生、100名4年级学生、200名5年级学生，以及200名6年级学生。

斯蒂文森高中的学生对自己的要求也相当严格，能够进入斯蒂文森高中的学生不仅要有优秀的学习成绩，也要有良好的心理素质。因为在名校学习，其压力是巨大的，这里的学生甚至被称为"书呆子"。并不是说他们死读书，而是这些学生对自己的期望值很高，刻苦学习是他们在斯蒂文森高中必须要做的事情。

在安多佛学校，学生没有标准化的考试，但是会参加一些全国性的考试，比如SAT，还有一些类似SAT的学科考试，另外还有各类AP考试。学校会参考这些考试的成绩，学生的成绩十分不错，但是如果学生在这些考试都考得不好的话，就要接受专门的训练和指导了。重要的是，在这里任何类型的成功都会被认可、被尊重。好的演员、好的运动员、好的数学家和好的艺术家受到一样的欢呼和尊重，这已成为安多佛学校的一大特色。学校的老师也始终给学生灌输一个观念，每个学生必须具有一技之长，否则将来很难在社会上生存和竞争。

台湾地区的建国中学，在国际竞赛中，该校学生们有着优异的表现。在台湾当局"教育部"举办的高中数理及资讯学科能力竞赛中，"建中"选手亦经常囊括各学科前三等奖项，取得国际科学奥林匹克竞赛训练营的资格，并最后获选为台湾代表队选手。该校也是国际科学奥林匹克竞赛史上单一学校获奖数最多的学校。

在这种背景下，诚如前所言，“进入‘建中’不参加社团，犹如不是‘建中’人”已是学生间共同认可的文化。学校社团众多，活动蓬勃，常令人着迷，致使已逾百龄的校园，时时刻刻都充满生机盎然的新气象。

在香港的培正中学，学校着力推行“全人”教育，学生不仅学业成绩好，学科知识扎实，而且品性好、身体好，善于与人沟通，自身潜能能够得到充分发展。诚如其校长所言，学生在校并不是死读书，而是“活读书”，读书和活动相结合。学生学业成绩提高的同时，优势智能得以发展。每个学生因有不同的能力，故学校努力给学生提供多元教育的机会和多元表现的机会。每一名学生都有自己的成功之处，如有的是学业成绩好，有的是某一项艺术好，有的是某项体育运动项目好，有的是计算机学得好等等。只有让孩子找到和发展自己的优势智能，有了成功的体验，他们才会更加自信，并适度带动学业成绩的提高。这样，不惟考试，赢得了考试；不惟学业，赢得了学业。

三、专业素养高且极具热情与爱心的教师队伍

优良的师资队伍是学生成长的关键因素，这些世界知名中学的教师不仅学科素养高，具有一项以上的特长，热爱教学工作，对学生要求严格但充满关爱，师生平等友好相处。

伊顿公学的教师大多数都是学术方面的专家，其中也不乏牛津大学、剑桥大学的校友。他们不仅有很高的专业水平和很宽广的学术视野，更重要的是拥有对教育事业的无限热爱。和学生一样，伊顿公学的老师也穿着旧式礼服，朝气蓬勃、精力充沛，他们被聘用时年龄一般都在 38—40 岁之间，聘用期为 13 年。伊顿公学对教师的录用条件主要是有学术、有爱心、有特长。伊顿公学在选择教师时，第一

不管其国籍，第二不管其年龄，第三也不受资质的限制，唯一的要求就是老师要关爱学生。具体体现在，教师每周要能上 24 课时的课程，每周要有一个晚上到学生宿舍和学生进行交流并参加学生的活动。同时教师本人至少还要有一门以上的特长，只有有特长的教师，才能更好引导学生的个性特长的发展。校长还不必考虑看中的人是否有教师资格证，因此，伊顿公学的老师背景五花八门，有厌倦了金钱的银行家，有想改变生活方式的律师，还有商人，现在也招少量年轻有为的女教师。伊顿公学正是因为有了这样一支有学术、有爱心、有特长的教师队伍，才能培养出一代代具有鲜明人格特质的精英学子。[①]

安多佛学校共有 220 名教师，其中有 37 位博士、123 位硕士。学校招聘教师的关键是教师要对青少年教育有极高的热情，有一定的、最好 3—5 年的教学经验，安多佛学校并不喜欢教学经验极为丰富的老师，因为安多佛本身就拥有很多培育人才的经验，他们希望有活力的老师可以带来新的理念，让学校可以不断创新和自我更新，紧随时代的潮流，一直保持领先的位置。学校 95％的教职员住在校园里。老师不仅要在课堂上传授知识，而且要在课外活动中指导孩子们如何去获得成功，而且还要在生活中无微不至地关爱着孩子们的成长。老师时刻关心孩子们的身心健康，使其各方面平衡发展。

安多佛学校有一个教师体验项目，让年轻教师来教学一年，体会一下教书的感觉。这样做的目的是把一些本来不一定会成为教师的人召来，使得他们对这一领域感兴趣。教师的背景也非常多样化，大部分是教师背景出身，也有很多律师，科学家和工程师，因为学生们喜欢背景多样化的老师。教师来到这里以后，都要同时从事不同的工作，既要教学，又要在寝室里当宿舍老师，还有的会成为学校体育队的教练，或者项目的负责人，所以在招聘人才的时候，安多佛中学也很重视对

① 林春曹. 温莎的崇高和宽广——伊顿公学镜鉴[J]. 江苏教育，2009(7)：74.

方是不是有多重能力。

学校教师部的负责人说安多佛学校的教师有一些共同的特点，他们都喜欢自己设计课堂教学的这种独立性和自由。所以安多佛的老师有很强的自我激励精神，喜欢不断地学习，因为要设计课程就必须要学习很多新的内容。

斯蒂文森高中对教师的业务水平要求很高。教师全部是硕士及以上学位，虽然是专职的，但也允许在州立大学、社区大学兼一些课。教师工资比社会上其他行业要高，但比郊区的同类中学工资要低。教师队伍是比较稳定的，教师进校以前都是名牌大学师范专业，而且要经过反复周密择业地考虑才能通过，所以教师跳槽现象比较少见，除非是同类中学间的调动或去大学做教学与研究工作。教师每天工作 6 小时 20 分钟，其中上 5 节课(每堂课 40 分钟)，2 节课为备课批改作业，1 节课则用来吃饭。学校的教师不受政府其他行业裁员的影响，有退休金、医疗保险。

在芬兰，教师是十分受尊重的行业，社会地位和薪酬待遇都与国家公务员无二。罗素高中的教师都是研究生以上学历，每年都有不少应聘者要加入学校教师队伍，但是录取率仅为三分之一。罗素高中教师的素质整体较高，有先进的教学理念，相当一部分教师自己编写教科书。很多教师都能够自己开发教学软件，并将其运用到自己的课堂教学中去。教师非常尽责，校园里经常可以看到三三两两的学生围着教师交流问题。此外，罗素高中鼓励教师之间的观摩与交流，通过互相学习，形成教师学习共同体。罗素高中经常派教师参加国家的重要培训项目，督促教师不断更新自己的知识结构和理念，保持走在同行的前列。

四、标准严格的招生

这些知名中学，在学生招生方面，基本都是采取学校和学生双向选择的方法。

尤其是学校在挑选学生方面，标准较为严格，程序也很繁琐。举例说明如下：

威斯敏斯特学校的学生来自五湖四海，拥有不同的文化背景。学生入学分为不同的时段：11岁入学的学生通常是进入威斯敏斯特附属学校，主要是来自公立小学的学生，但也有来自私立小学六年级的学生。学生在威斯敏斯特附属学校学习两年后，在13岁时入读威斯敏斯特学校。绝大部分的男孩是在13岁入学。入学测试有两种，一类是普通的入学考试，在每年6月举行；一类是威斯敏斯特奖学金测试，被称为"威斯敏斯特挑战"，在每年5月举行。通过测试的学生，才有入学资格。"威斯敏斯特挑战"，顾名思义，这个项目富有挑战性，并且能够与那些没有参加这个挑战的人分享学术奖学金。这个挑战不仅仅囊括了英语、地理、历史、数学、法语、科学、拉丁语以及希腊语的考试，还包括两个单独面试，一个是与校长的面试，另一个是和舍监老师的面试。面试不仅考核学生的学术能力，更强调学生的临场反应和口头表达能力等。相对于普通入学考试，这样的方式更为有趣，也更利于教师了解学生具备的优秀品质。13岁时进入威斯敏斯特的男孩有120名，大约有一半的学生是来自威斯敏斯特附属学校，剩下的大部分来自伦敦及周围各郡的预备学校。在公立小学就读的男孩，都建议其在11岁时转学至附属学校或者其他的预备学校。

对于13岁入学的学生，学校强烈建议这些学生在第五个学年末(学生的10岁生日)，即在开始第六年级之前注册登记。事实上，学生可以在出生时就注册登记。尽管注册登记的截止时间是在第六个学年末，但要注意的是，在10月或11月测试之后，学校将分配所有空的入学名额。因此，对于在11月份之后注册登记和参加考试的学生，学校不能保证会有名额即刻分配，有竞争力的候选人不得不放在等待名单上。16岁时，男女学生可以共同申请入学，测试安排在建议入学的前一年11月份。威斯敏斯特有特定的生源供应校，即威斯敏斯特附属学校，除此之外，还有其他公立小学和私立小学的学生，以及海外申请者。对于海外学生的要求是年龄需在 16 岁及以上，并且在英国有亲属或可靠监护人。宗教信仰方面，学校拥有根深蒂固的基督教传统，但也欢迎有不同宗教信仰的学生。

伊顿公学办学之初，旨在为贫困学子提供免费教育。到 17 世纪，因贵族子弟争相入学，从而使学校逐渐演变为一所等级森严的贵族学校。随后，富家子弟也开始竞争入学名额，那些资质不高的学生，只因能支付得起高额的学费就能享受高质量的教育；而寒门的优秀学子，却因交不起学费而排除在外。随着社会发展，教育民主化观念深入人心，学校传统的人才培养模式与现代教育发展的要求格格不入，学校发展面临着转型。改革中，伊顿公学的教育注入了新的内容，办学理念从培养旧式贵族转变为培养精英人才；招生方面，不问出身只论才华，弱化等级观念，强调开放，即生源不只面向王室和富裕阶层的孩子，而是面向全世界最聪明的孩子。这也是 21 世纪伊顿公学教育发展的主要方向，虽然学校仍旧带着贵族气息，但已经走在逐步“平民化”的改革之路上，从打造英国的精英，努力发展成为世界精英的摇篮。当前，伊顿公学招收的学生，都是 13 岁至 18 岁的男孩子，由中学读到大学预科为止。学费每年近万英镑(不包括食宿费)。据说，英国每 400 名男孩中，有 1 名能进入一般的公立学校读书，而要进入伊顿公学，每 1500 名男孩中才有 1 人。每年报考伊顿公学的学生大约 1000 余名，通过严格考试和面试后，正式录取的只有 250 多人。

时至今日，学校的入学制度也发生了很大变化。1960 年以前，英国有些名门望族，为了让子弟能进入伊顿公学读书，当男孩出生，领得“出生证”时，即刻向该校报名，12 岁后就凭此入学。为了保证尽量公平，伊顿公学对学生入学手续做了一些改革，在学生们 10—11 岁时还要通过一个选拔性考试，家族身份仍需考虑，但已不作为入学的主要因素了。之后，伊顿公学又加大了改革力度，想要入学的学生必须在 10 岁半前在伊顿公学登记，在适当时候，学校会通知父母在指定日子里把孩子带来，进行面试以及长达 1 小时的能力倾向测验。录取原则是学识教养出类拔萃，而富有、地位高则不再是伊顿的入学标准。

报考伊顿公学也是有条件的。私立小学的优秀学生是主要生源。私立小学与伊顿公学一样，也是条件好、学费昂贵，中产阶级家庭少有问津。其次是公立小学成绩特别突出的学生，校方也会给予报考私立中学的建议。当然海外学生也能报考伊顿公学，但大都拥有殷实的家庭背景，比如父母是商政界的名流等。

对于斯蒂文森高中而言，每年大约有26000名学生报名参加该校竞争极其激烈的入学考试，但其中大约只有800名学生会被学校录取，录取率不及3%，比哈佛大学还低。

五、广泛的社会支持与良好的家校关系

这些著名中学在办学过程中，和社会各方面形成了相对稳定而又友好的社会关系，同时又能得到家长的支持与配合，学校办学有着广泛的社会支持。

斯蒂文森高中善于利用学校之外的各类资源以及获得家长对学校教育工作的支持，是具有实践指导意义的。特别在获得家长支持方面，斯蒂文森高中有着最热衷于孩子教育的家长群体。在斯蒂文森高中的网站主页上，专门有一栏“家长协会”，家长们可以在这里对学生学习的课程提出建议，可以通过信息的反馈协助校方对学校教育质量进行监督，对学校的管理工作建言献策。而很多移民学生的家长放弃家乡不错的生活而来到这里辛苦地打拼，就是为了子女能够接受优质的高中教育，从而有机会考入全美一流的高等院校。

在法国的路易大帝高中，学校的管理机构中就有“学生家长”这一机构设置。学校认为，家长是教育上很重要的一环，在学校教育中也发挥不可替代的作用。家长除了通过通知单，知晓学生的学习情况和表现外，还可以通过家长会，直接和

老师沟通。家长会一年召开一次，并不是老师在台上讲，家长在台下听这样一种单方面的信息传递，而是两个方面相互沟通。除了学生家长这一机构外，法国公立中学里还有学生家长自发加入的家长组织，积极参与学校建设。路易大帝高中的学生家长也不例外，学校主要有两个家长组织：公立学校家长协会和公立学校家长建议委员会。家长协会的功能是为学生提供信息，便利他们得分校园生活，举行招聘日、职业会等活动，邀请大学校和大学工作人员参加，为学生的专业选择提供建议，为学生提供日常帮助等。学校家长建议委员会主要是更好地了解教师的要求；与时俱进地理解高中教改；加强家长间的联系与交流，指导家长怎样才能更好地帮助孩子适应高中学校生活，以帮助孩子得到更好的教育。协会的主要工作有：每个月召开一次公开会议，讨论这段时间内遇到的问题；每个季末，就成绩评定会开一次会议，帮助家长理解通知书上的信息，告诉家长应该注意什么；为学生制定参考计划，建议他们每个阶段应该做什么；为学生分科定向提供咨询等。这两个组织之间并没有竞争关系，它们的存在都是为了更好地服务于学生和家长。

罗素高中非常重视与其他学校及政府之间的合作，秉承合作开放的办学思想，彼此建立合作关系，实现资源共享，为保证学校的可持续发展提供了良好的外部环境。由于芬兰社会各界形成了重视和信任教育的氛围，对教育的各项改革比较有热情，并予以大力支持，因此罗素高中处在这样的一种和谐文化氛围里，政府和家长深信罗素高中能为国家的下一代提供尽可能好的教育，罗素高中受到公众的普遍信任和尊重，这就促使具有高度专业水平和良好道德素养的教师乐意承担起新的责任。在“信任文化”的影响下，学校被赋予了高度自主的教育改革的领导权，能够设计属于学校自己的改革策略，包括教育远景规划、实施方案和规则等。罗素高中可以充分利用外部教育资源，为学生的发展提供更为宽阔的平台。同时，罗素高中也深受附近社区的信任，学校与所在社区形成了积极的互动，这也是其各项创新政策得以实施的重要原因。与此同时，罗素高中充分利用大学的师资力量、实验室等资源帮助学生制订个性化的研究方案，有的学生甚至已经能够独立地进行课题研究。学校竭力为学生提供相应的平台，为学生提供高水平的引导，充分挖掘学生的潜能，使学生成为研究型、创新型人才。罗素高中还有一个学校和家长协会，该协会的目标是以不同的方式来支持家庭与学校合作。该协会收取会员费的资金以及各种活动的收入全部被用来支持学生参观考察和社团活动，为学生"走出去"提供了强有力的资金支持。

在墨尔本女子中学，家长会制度同样是墨尔本女子中学的重要管理制度之一，它由学生家长或监护人组成，和学校领导者共同参与学校管理，为学校的发展规划出谋划策。家长会例会于每个月的第四个礼拜二 19:30 在学校的大会堂举行。家长会成员坚信在他们孩子受教育阶段建立一个积极向上、强有力的社区极为重要，并且这个社区应该有着振奋人心的社区文化和精神。在孩子就读小学时，家长可以通过与所在社区其他家长进行沟通交流直接等在校门口接送以及学校开放日得知子女在校情况，而当他们升入中学后，这种机会将会大大减少，家长会的存在极大地解决了家长与学校之间的信息不对问题。筹办一系列大型活动是家长会的一大职能，当然，家长会的另一项重大职能就是筹集资金，为学院组织的各项活动提供强有力的资金支持和保障。

除此之外，墨尔本女子中学还有独特的可持续发展共同体，该共同体是由家长、学生、教职员工以及社区成员共同组成的组织，宗旨是为学校和在校学生提供最适宜的学习环境。该共同体的成立是墨尔本女子中学学校管理的新举措，它将在国家可持续发展学校项目的框架体系内进行活动，为学生、家长、相关社区成员搭建良好沟通渠道和桥梁。可持续发展共同体诚邀家长和社区成员加入学校，为建立适宜的校园环境做出贡献。该共同体每月第三个礼拜四召开一次例会。

如前所言，安多佛学校很善于利用校外力量对本校办学情况开展评价。在安多佛，学校的评价分为两种，内部自我评价和外部评价。内部评价是由学校所委任的专门监管的老师所负责，主要有四个评价标准：目前的优势，如何保持优势，需要改进的地方，如何在限定的时间内改进。外部评价每十年一次，主要是由新英格兰地区独立学校联盟（Association of Independent Schools in New England http://www.aisne.org/）进行评价，包括学校的治理、学校管理、教学、师资等各方面的评价，外部评价也有一些来自其他私立中学的人员来参加。与此同时，安多佛还接受来自国家独立学术委员会 NAIS（National Association of Independent Schools）进行严格的资质审核，定期复查。复查内容涵盖学校董事会及校长、课程设置、学生生活、学校安全、体育运动、硬件设施、资金管理、募集资金、师资、招生等各方面，还必须做到学校不以营利为目的。学校的教师福克斯先生介绍道，每十年，安多佛学校会进行一次自我调研，有好几个步骤，从自我评价开始。有 10—20 个领域，包括学生经历、老师经历、学校资源、学校设施、学校管理、学校监督等。这些报告基本总结学校在每个方面做了什么，做得怎么样。然后安多佛中学会雇一个专门评价高中和大学的评价机构来评估，参观学校，最后出一份他们的报告，列出安多佛学校做得好的地方以及需要改进的地方。这种定期的评价非常重要，因为这样安多佛学校才能够确定是不是在正确地培养学生，是否能够让学生有效地展开下一步的人生。

以上几个方面是世界著名中学人才培养的支持性策略，即个体与集体相结合的学生管理制度，重视学术和个人特长发展的评价制度，专业素养高且极具热情与耐心的教师队伍，标准严格的招生以及包括家长在内广泛的社会支持等。

本研究的第二部分从学校办学的起源与追求、学校办学的理念与目标、人才培养的内容与方法、人才培养的保障措施等方面总结分析了世界著名中学人才培养的共性特征。这为本研究第三部分“改善我国知名中学人才培养的思路”提供了重要基础。

第三部分
他山之石，可以攻玉——我国知名中学改善人才培养模式的思路

诚如前言中所提及：研究世界著名中学人才培养模式，不仅仅是一个教育问题，更是关系到一个国家、一个社会在国际间竞争胜败的问题，研究是为了更好地借鉴与改善。进一步改善我国知名中学人才培养的理念、方式与方法，是本研究的最终指向。

客观而言，对于世界著名中学人才培养模式的理念、做法等，我国知名中学校长其实并不陌生，一则是因为当今是信息化、网络化的时代，每个人都可以较为便捷地在网上获取这些世界著名中学办学的信息；二则是因为今天我国的知名中学校长也有较多出国考察和调研的机会。所以，我国知名中学校长应当对本研究中提及的世界著名中学人才培养的理念和做法并不陌生。但是相比较而言，我国知名中学校长在具体的学校办学实践过程中比较欠缺的方面有三：

一是学校课程的领导力，即组织开设尽可能多的高质量的课程，满足学生个性成长发展的需要，这个方面，我国知名中学还比较欠缺。造成这种现象的原因主要有三，一是理念认识不到位，有校长认为，有必要开设这么多的校本课程吗？把国家课程开足开齐不就可以了吗？二是现行评价制度的因素，这里不再赘述。三是缺乏必要的坚持，有的课程开设了一段时间，并没有长期坚持。

二是对学生体育艺术教育以及学生辩证思维能力的培养重视程度还不够，这既有评价体制的因素，也有校长自身的认知因素。和国外著名中学相比，我国知名中学在这个领域还有相当长的距离。

三是对学校办学优良传统的继承还有待强化。一任校长一个办学思想的现象并不罕见，而对学校办学历史过程中优秀实践和思想的坚持还不够。

造成上述现象的原因有多种，校长反映最多的是办学自主权还不够大，学校办学经常受到上级教育行政部门的干扰。与此同时，高考升学率的压力对学校办学的影响几乎压倒了一切。这两方面的原因让我国中学校长的自主办学受到了很多制约。虽然知道名校办学规律，但是实践中很难坚持做到，是我国当前知名中学校长的一个普遍感受。

基于本研究上述的研究成果，结合目前我国知名中学办学的实践现状，本研究为改善我国知名中学，尤其是重点高中的人才培养模式，提出如下的思路和建议。

第一章

对学校办学本质的不断反思与继承发展

中国有句古话，叫“万变不离其宗”。在纷繁复杂、乱象丛生的现象世界中，抽取出本质要素及相互关系，即所谓对规律的把握，是决定一个人或组织的认识与行动能力的关键。对于一所学校、一校之长也是如此，要不断学习、反思学校办学的本质，如学校办学的核心价值追求是什么，什么是学校办学的质量及其衡量标准，影响学校办学质量的核心要素有哪些，其优先顺序如何，相互之间的关系是怎样的。对这些项目的不断反思有助于学校和校长在办学过程中不断明晰办学方向、办学本质、办学的重心。围绕着核心要素，思考如何重组其他办学要素及其之间的关系，哪些是需要坚守的，哪些是可以灵活创新的。世界著名中学之所以在几百年的历史发展中能够立于不败之地，和学校在办学实践中坚守规律、把握本质，积极应对改革等有着密不可分的关系。

杭州学军中学原校长陈立群也认为，作为一名教育家型的校长，应该思考教育发展的本原性问题，思索人类发展的方向性问题。当然，这样的思考探索，是信仰追问，是图腾设计，也一定是精神苦旅。[①] 西北师大附中的曾任校长刘信生从哲学的高度提出《教育在不变与变之中行进》的办学主张，提出办学过程中哪些是不能变的、哪些是需要不断变化的。文中指出：“坚守民族优秀传统文化不能改变”、“办学的目的方向和教育的规律原则不能改变”、“教育一方净土不能变”、“自己的优良传统

① 陈立群. 教育家办学，需要一点孤独的理想主义情怀[J]. 人民教育，2016(19)：49—53.

和特色文化不能改变”、“校长要坚守办学理想和信念不变”、“注重细节，真抓实干的作风不能变”；“育人方式方法可以变”、“管理策略可以变”、“办学空间和环境可以变”、“校本课程可以变”等，①是极富启发意义的。

结合世界著名中学人才培养模式的研究，本部分主要从以下几个方面讨论世界著名中学办学的本质与核心要素。

一、人的独特与社会性

一方面，从生物性及弱社会性方面来说，每个人都是独特的，出生时个人的基因秉赋就是有差异的。出生之后，由于家庭经济文化环境不同，父母认识不同，儿童接受教育的刺激和经历是不同的。每一天，儿童都在属于自我的环境中成长与发展。学者周国平曾用散文般的语言写道：“每个人都是一个宇宙，每个人的天性中都蕴藏着大自然赋予的创造力。”美国知名心理学者霍华德·加德纳认为每个人都或多或少具有八种智力：言语—语言智力、音乐—节奏智力、逻辑—数理智力、视觉—空间智力、身体—动觉智力、自知—自省智力、交往—交流智力、自然观察智力等。当然在每个人身上，这八种智力有着不同的组合和发挥程度。以此延伸开来就可以认为每个学生都有自己的优势智力领域和智力特点，有自己的学习类型和方法。可以说，对于人的独特性的认识，奠基着每位教师、每位校长教育教学方式的底色。

相对于以往强调人与人之间的趋同性，随着生物科学和心理科学研究的深入，当今教育界人士越来越接受和认同人与人之间的差异性，儿童个体的独特性。

① 刘信生.“教育在不变与变中进行”专题报告会.上海：华东师范大学.2011－10－19.

另一方面，每个人都生活在社会之中，需要具备一些社会公认的品质，遵循一些社会公认的规则，这就是人之为人的另一属性，否则社会就不存在，个人的生存也就无以为继。水滴离开了大海立即就会干涸。马克思曾言："人的本质是一切社会关系的总和"，这是需要靠后天的教育来实现的。在社会中生存所必须掌握的基本知识、基本技能，所应具有的基本道德素养和个人品质，都是靠后天的家庭、社会和学校共同教化而成。

二、教育的内发与外烁功能

基于对人的独特性和社会性的认识，教育作为一种有意识地引导和促进儿童成长和发展的活动，可以发挥的作用就较为清楚了。一方面是促进、支持和帮助其天赋潜能、兴趣特长与爱好的发展，即促进儿童个性的发展，也是教育的内发功能。即把自然人所固有的或潜在的素质自内而外地引发出来，成为现实的发展状态。另一方面就是按照社会运行所必需的基本准则来教化与规制儿童的价值观、信仰与行为习惯，发展儿童的社会性，使儿童的道德品质和个人品德符合人们公认的期望和要求，即教育的外烁功能，含有塑造、陶冶、感化、改造之意。

诚如法国总统尼古拉·萨科齐于 2007 年 9 月 4 日法国中小学开学之日写给全国中小学教师的《致教育者的一封信》中所指出的："教育，就是试图调和两种相反的运动：一是帮助每个儿童找到自己的路，一是促进每个儿童走上人们所相信的真、善、美之路。"他指出，面对成长中的儿童，对成人的一项要求是在教育的同时不要压制其个性。每个儿童、每个少年都有自我存在、思维、感受的方式。但同时他又指出，过于强调儿童的自发性，过于担心束缚个性，一味地通过心理学的眼睛看待教育，教育会走向另一个极端，人们就无法实施传授。那么，教育的功能就是:“教育,就是启发个体意识,逐步将其提高到普遍意识,就是使每个人既感到单一的人格,同时又作为整个人类的一分子。”

教育的内发功能,即促进儿童个性天赋、兴趣爱好的发展,需要多元的刺激激发,需要教师的引导、支持和帮助,其成长和发展的主体一定是学生本人,而不是教师,“内因是变化的决定性因素,外因是变化的条件因素”。在这方面,教育不要压抑儿童的发展,但是也不能代替其发展。教育只是提供刺激,给予学生支持、引导、帮助和辅导,给儿童搭建平台,提供场所,必要时给予引导和支持。如伊顿公学历史上比较知名的校长威廉·考利在13世纪就明确指出:“去一所伟大的学校,是为了学习认识自我。”当前,这一方面,我国的教育包括中学教育仍有很多需要努力和改进的空间。毕竟,每个儿童都是不一样的,要提供适应每个儿童的教育刺激、教育支持、教育引导和帮助,需要大量的人力、物力、财力等,这是一个漫长的过程,需要持久的努力和投入。

在教化儿童的社会性成长方面,即按照一个社会或一个团体公认的真、善、美的准则来塑造儿童方面,我国教育自古以来都高度重视。然而,在当前阶段,这方面的教育成效却有待提升。古人对“教”字的解释为“上所施,下所效”,正说出了“外烁”的途径和方法,德育的成效不是靠讲道理就能够有效的,而是靠以身作则的行为来直接影响的。在活动中、实践过程中,他人的行为示范对学生产生着重要的影响。

相对而言,西方古代的教育更为强调教育的内发功能,教育(Educate),更多含有“教仆”的意思,是帮助、辅助和支持的含义。最为典型的就是苏格拉底的类比,将教师比作“助产婆”,教学法也是“助产法”,即促进和帮助儿童的自我成长。中国古代的教育更为强调教育的外烁功能,即“教,上所施,下所效也”、“育,养子使作善也”。当前,东西方无论是教育理念还是教育行为上都有相互学习、取长补短之势。西方教育在努力强调外在的基本标准、基本规范和基本要求,东方教育在努力让教育更加适应儿童个性发展。当然，即使在各自传统上比较重视之处西方更多地重视教育对个性发展的适应，东方更多地重视以外部标准来要求儿童，也各自都有不少需要提升和改进的空间。

三、学校的社会性和独特性

上述几所世界著名中学办学的起源，都是服务于社会发展，服务于国家强大，或者是帮助贫困家庭的子女能够同样有接受教育的机会。学校作为一个社会组织，从其产生的起源来看，都是为了巩固统治阶级的政权、保障社会正常运转、促进社会健康有序发展而建立的。因而，在一个国家、一个社会内，无论是公立学校还是私立学校，其存在的目的和价值首先是为了适应和满足国家和社会的需要。学校作为一社会性组织，办学要合目的性，服务于该国政治、经济和社会发展需要。办学要遵循党和国家的教育方针、政策，遵守各种法律法规以及有关的规章制度，在社会中发挥其独特的功能和价值。通过培养学生，传承人类优秀文化，创造新的知识，更加全面深入地认识与改造自然，改善自我与社会、自我与自我的关系，增进个人与人类福祉。

与此同时，学校作为培养人的机构，其运作和发展遵循特定的规律，即办学要合规律性。具体而言，这些规律离不开如下几个要素的相互作用：社会发展的现实需要、学生成长的客观规律、知识发展的特有逻辑、学校已有的办学基础、学校现有的办学条件等。尤其是对学生成长规律和学科知识发展逻辑的认识，更是决定学校办学规律性与专业性的关键要素。正是因为学校办学要受制于这些客观条件和因素，遵循上述客观规律，所以，学校的办学行为和发展轨迹都有其独特性。任何来自学校外部的指导和要求、内部的改革实践与创新，都要在学校现有条件的基础上、按照一定的节奏来展开。学校的改革与发展，不是脱离现实基础的贸然行事。

在此基础上，作为一个人群集聚的群体，学校是教育人、管理人的场所所在。无论是教育还是学校管理，都离不开与人的沟通与交流，办学应合情感性或合人性。前苏联著名教育家苏霍姆林斯基曾说过，“教育学是人学”。其实，管理学更是人学。既然是人学，除了要遵循客观的规律，校长和教师还要有对人性有所理解和感悟，在教育教学和管理实践中具备人文的关怀、道德与价值的追求、共情的能力、沟通的能力等等，所有这些被统称为实践的艺术。学生情感、态度和价值观的形成，也正是在这样的沟通与交流中受到潜移默化的影响。学生高尚的道德、积极的情绪情感、远大的追求与抱负才得以形成和确立。所以，无论是教育还是管理，都不仅是科学的活动，更是实践的艺术，两者缺一不可。不少知名中学追求把学校建成“家园”或“具有家庭般的愉悦氛围”，也是从此意义而言的。

上述三个方面，是学校在社会中的功能定位及其如何实现该功能的三个要素，一切学校管理实践都从此延伸开来。

四、中学教育阶段的特殊性

这里的中学教育涵盖通常意义而言的初中和高中两个学段。不少国家实行的是 3 年初中、3 年高中，当然也有 5—7 年制的英式中学学制。之所以说 5—7 年，在于最后 2 年是否归属于中学教育阶段，曾有人把它称为中学教育，也有人称之为中学后延续教育。前 3 年有点类似于我国的初中，中间 2 年类似于我国的高中，后 2 年是中学和大学之间的预备学段，有点类似于大学预科阶段。无论是 6 年制的中学，还是 5—7 年的英式中学教育阶段，以及美国的 4 年制高中，学生的年龄基本在12—18岁之间。12岁之前上小学，18岁开始上大学或就业。12—18岁之间，也是人生最为宝贵的从少年到青年的阶段，是宝贵的青春期。中学教育的特殊性，也是和这个时期人的成长与发展的特殊性紧密相连的。

先反思第一个问题，在一个人的成长历程中，12—18岁之间的成长有什么特殊性。当然，这是一个庞大而又复杂的课题，回答清楚实属不易。但是也可以理出一些关键性特征：从生理性特征而言，此时期是个体身体的第二次成熟与发育期。和生理特征相关的心理特点是，无论是男性还是女性，自以为已经长大成人，其实有时还很脆弱，有诸多相互矛盾的心理特点，会青春叛逆。从思维发展来说，已经开始从形象思维为主过渡到抽象思维为主，注重逻辑推理和概念演绎。从人格形成来看，该时期是人生的情感态度价值观逐步形成稳定趋向的时期，是人格完善与健全的重要阶段。同时，此时期荷尔蒙开始迅速涌动，也是人的精力非常旺盛的时期，是掌握知识、发展思维、提升能力的重要时期。总之，该阶段是一个人从孩提时代过渡到成人时代的特殊阶段，是一个人潜能发现与发展的关键期，是人生观、价值观、世界观形成的关键期。

在此基础上再看第二个问题，和中学生成长的特殊性相关，中学教育在整个教育体系中的特殊性。较之于小学阶段，中学生学习的任务增多，难度加深，又属于基础教育阶段，各学科都要学习打基础。所以在中学阶段，一方面要按照社会和国家的要求，让学生在知识、能力、情感态度价值观等方面得到应有的发展，达到国家规定的标准，为学生在社会上生存和可持续发展奠定良好的基础。另一方面，中学阶段，又要尽可能地激发和发展每位学生潜能，呵护学生的兴趣、爱好和特长，让学生的天赋潜能有发展的机会和条件，为让学生"成为最好的自己"打下基础，提供支持和保障。为此，在让学生掌握知识技能的同时，培养学生学习的主动性与自主性，激发学习的动力和良好的自学习惯，是中学教育阶段的核心任务。上述三个方面的教育——打基础、养自主、展特长，也是有着递进关系的。应该说，越是低年龄阶段，越重视打基础，越到了高年级，越重视展特长。当然，自主性的培养是一直贯穿其中的。三者不可能截然分开，而是相互关联、密切融合的。

当前，受到考试评价制度的制约，不乏有部分教育工作者，包括一些学校校长，对中学教育阶段的特殊性和独特性认识还不够充分。他们没有把中学教育当成独立的一个阶段来办学，而是将之视为从小学毕业到考大学中间的一个过渡环节，学生上学传输带上的一环，教学的目标是为了让学生考上高一级的学校。以此思路办学，中学教育就失去了其应有的基础性、丰富性和独特性，这也是导致当前我国中学千校一面、办学雷同、缺乏特色的一个原因。

华东师范大学知名学者叶澜教授认为，作为一名教师，每天坚持写教学反思，3至5年可成为名师。作为一名校长，每天反思学校办学的本质与实践，3至5年也即可成为名校长。以此来决定学校办学实践哪些是需要继承的，哪些是需要不断创新与改变的，在继承与改变的过程中促进学生与学校的发展。芬兰罗素高中的办学理念就是“恪守传统，自主选择，放眼未来，国际视野”。

第二章

重视学校精神的形成与引领

通过诸多学校考察发现，在外部条件基本相同的情况下，学校与学校之间师生的精神生活差异很大。师生的精神状态，决定着学校能否进一步发展和发展的程度。华东师范大学陈玉琨教授曾言："改变一所学校首先要改变学校的校园精神，改变一个教师要改变他的价值追求，改变一个学生要改变他的人生目标。让学校更卓越首先要让学校充满追求卓越的精神，让学校变得更有朝气。"也是同样道理。世界著名中学办学成功有多方面因素，其中，鲜明而强大的学校精神既是其发展的主要因素，也是学校发展过程中表现出的主要特性。因而，借鉴世界著名中学发展的经验，重视学校精神的形成及其引领，对于提升学校精神追求，促进师生健康快乐成长有重要价值。

一、学校精神的组成

人之为人的本质属性在于精神性，人的精神决定着人的言行。同理，学校精神决定着学校形态。学校精神是指学校师生员工共同拥有的价值追求、教育理念和情感态度等方面的总和。它关系到学校师生员工的教育情怀、教育理念以及由此表现出的师生言行。

其中，师生的价值追求，是指学校师生对特定价值目标的执着向往，并力图达到此目标的强烈驱动倾向。它决定了师生认为什么是重要的、有意义的，需要努力追求和实践的，什么是不重要的、无意义的，需要舍弃的。学校的价值追求是学校精神的核心，是学校持续发展的内在动力。

师生的教育理念，是师生对本校教育教学和学生管理持有的认识和想法，它决定着师生行动时如何做才被认为是正确的。学校有什么的教育理念和办学理念，就有什么样的教育行为和办学举措，学校就会呈现出相应的办学特色。

师生的情感态度，是指师生在教育教学中表现出的较为稳定的积极或消极的体验和反应，它直接影响着师生学校生活和工作的质量。积极愉悦的情感态度是高质量工作和学习的基础。

上述三项要素的有机整合和共同作用就构成了学校的精神追求和精神风貌。

二、学校精神的功能

以上述十余所学校为例，其学校精神之于学校发展的功能主要体现在以下三个方面：

1. 学校精神是学校持续发展的内在动力。学校有什么样的价值追求，就会朝向什么方向努力，价值追求的强度决定了师生努力的程度。学校能否发展、发展到什么状态，关键在于学校精神追求什么和追求的程度。本研究的案例学校都有着几十年、上百年的办学历史，这和学校在办学之初或学校发展过程的某一阶段形成了自己的核心价值追求有着重要关系。

美国安多佛·菲利普斯学校创建于 1778 年，是美国最古老的寄宿制高中。学校办学的宗旨就是“不为自己”，这一方面是说学校的学生来自全世界各地，另一方面表明，学校教育出来的学生应是为国家和社会服务的人，而不是单纯为了实现自身利益的人。学校要求学生能够立足于自身和大众，挑战自身的头脑、身体和精神，超越平庸，发展自身和他人的优点。2000年修订版的学校章程中，又重申了这一规定，并经过了全体教师的投票表决。上述在办学之初或发展过程中确立的学校价值追求对学校的持续发展产生了重要影响。

值得一提的是，本研究中所选的著名中学，学校创办之初就立志为国家强盛和社会进步进行不竭的努力和探索。学校的创办者都是秉承教育改善社会、拯救国家的理想与追求来办学，学校创办的这一宗旨始终影响着后续的学校管理实践。

2. 学校精神是引领师生发展的行为指南。有着共同价值追求和发展理念的人群，就形成了价值共同体。价值共同体内，符合价值期望的言行会得到人们的认可和接受。不符合价值共同体期望的言行，会被共同体其他人所排斥。而在组织中，个人总是希望被组织接纳的。所以，在组织内，共同的价值追求引导和规范着组织内每个个体的行为，是个体评估自己行为的内在尺度。

在以学业成绩优秀著称的斯蒂文森高中，学生们发自内心地认为："在斯蒂文森，拥有更高的平均分是很酷的，而在其他学校书呆子才这样"。"课堂上，你可以频繁举手，别人不会因此说你是个书呆子"。① 有着"精英摇篮"之称的英国伊顿公学，其校友帕拉什·戴夫(Palash Dave)在回忆学校生活时曾说过：在这里"你受鼓励追求任何你可能拥有的梦想"，学校允许学生"持些异议，某种程度上鼓励这样做"。显然，这对那些想得到领导角色的人而言是非常适合的。

学校精神对师生发展的影响不仅体现在在校期间，也体现在学生毕业以后。在罗素高中，学生管理的理念之一就是，当你离开的时候，你会衷心地说，这是一

① 美国"小哈佛"：史蒂文森高中[EB/OL]. http://blog.sina.com.cn/s/blog_3e88c5180100f3rt.html. 2013-10-12.

个好地方。[①] 香港拔萃中学校友、现任拔萃中学校长郑基恩说道:“从中学毕业多年,远在美国求学时,只要一想到自己是从拔萃毕业的,就会涌动起‘我一定要做得更好’的冲动。”

3. 学校精神是形成学校特色的重要基础。众所周知,人与人的不同在于个人价值观不同,个人追求不同。正是基于个人价值观念和追求的不同,才造就了人与人之间个性的不同。学校有什么的精神追求,就会呈现出相应的学校特色。学校的精神追求是学校办学特色的内在决定力量,学校特色或特色学校是学校精神追求的外显和标识。有什么样的精神追求,学校就会办出什么样的特色。

在以多元选择、发掘学生潜能著称的芬兰罗素高中,为了让学生按照自己的节奏学习发展,学校开设了丰富的课程。该校长阿里・霍卫宁认为:“有 800 名学生,就应该有 800 种课程设计。”伊顿公学的“绅士风度,精英品格”、斯蒂文森高中的科技特色等被广为认同,这都和学校的理念和追求有重要关联。

可以说,这些学校之所以取得卓越的办学成效,其中最为主要的一点就是这些学校都有着鲜明的精神追求。源于这种精神追求的引领和激励,学校全体教职员工进行了不懈的努力和探索,形成了独特的人才培养模式,培养了大批高素养的学生。多数优秀人才毕业于少数几所学校,原因也在于此。

同时需要指出的是,一些有影响力的知名学校的精神追求和精神风貌不仅对其本校师生有着重要的影响和教育,而且对其所在社区的精神追求和文化品位亦有着特殊的引领和辐射。学校是其所在社区的精神高地和文化辐射源,师生的精神风貌和生活情趣、学校组织的活动及其对外宣传等,都在潜移默化地影响、引领和教育着周边的人群,尤其是学生家长。

---

① 周成平. 外国著名学校的管理特色[M]. 南京:南京大学出版社,2009:7.

三、学校精神形成的机制和路径

有着鲜明卓越的学校精神，是这些著名中学师生成功发展的重要动因。分析这些学校的精神是如何形成的，对于提升学校精神追求，促进师生发展有着同样重要的价值。研究表明，上述学校精神的形成与发展，离不开下述几方面的相互作用：

1. 清晰定位学校的核心价值追求。确立学校的核心价值追求是形成学校精神的基础，决定着学校精神的基本取向和形态。通过对学校发展历史的研究可以发现，上述这些名校之所以会有鲜明卓越的精神，原因在于这些学校在建校之初或者学校发展中的某一时期，确立了学校办学的核心价值。

新加坡莱佛士书院在创办之初就定位为培养社会领袖人才，并在学校发展过程中明确了如下的办学追求："通过在服务中领导和在领导中服务，培养未来社会的领导者、思想者和先锋者。为此，学校致力于发展学生良好的性格、自信的品质和奉献的精神。"①新加坡华侨中学到了 20 世纪 70—80 年代已经发展成为新加坡最著名的两所学校之一，在思考学校发展的走向时，学校领导者提出了"实践全方位教育，陶铸热爱生活、关爱别人，为社群谋福利的未来领袖"的愿景，以"培育为国为民之科研、商企与政界领袖"为使命。这些核心价值追求一直影响着每位校长的办学实践。

从学校实践来看，在清晰定位学校核心价值追求的同时，创作特征鲜明的校徽、校歌等学校符号，是强化与彰显学校精神的重要举措。新加坡莱佛士学院的

---

① Raffles Institution. School vision and motto[EB/OL]. http://www.ri.edu.sg/main/rafflestradition/vision. 2013 - 2 - 10.

校徽是一个半狮半鹫怪兽(双头鹰和两个大的勋章),象征着该校培养出的学生有着鹰的速度、高度和洞察力,同时又有着狮子的威严、力量和勇气。双头鹰坐落在学校徽章的顶上,周围以花冠缠绕,代表着学校对知识的信赖和永恒的追求。伊顿公学的校徽是由右上角代表英格兰王室的狮子纹章和左上角代表法兰西王室的百合花徽章,以及下方三枚衬着黑底的银色百合组成。黑底代表永恒,银百合代表圣母玛利亚,这足以表明学校的王室传统和精英特性。① 在各种场所,老师穿戴整洁、佩戴校徽,对学生是无声的教育和激励。

2. 充分发挥榜样人物的引领与激励作用。榜样引领是有效教育的重要原则,在促进学校精神形成过程中也同样如此。在长期历史发展中,这些著名中学培养了大批优秀人才,比如英国有20位首相毕业于伊顿公学,美国4位诺贝尔奖获得者毕业于斯蒂文森高中,新加坡的李光耀和吴作栋总理均毕业于莱佛士书院。这些优秀校友的社会成就和个人品质,对于在校学生来说是一种有力而持久的教育,激发和鼓励着学生树立服务国家社会的价值追求,并在勤奋和坚持中磨练良好品质。

美国安多佛学校每周举办一次全校大会,大会都会邀请一位杰出校友来校演讲,这些校友都是来自不同行业的精英人士。校友会介绍他们目前的事业,分享自己成长的故事等。近年来斯蒂文森高中的毕业典礼上,学校邀请政府官员和社会贤达向学生发表演讲,所请人士包括前总统克林顿(Bill Clinton)、通用电气公司总裁韦尔奇(Jack Welch)、联合国秘书长安南(Kofi Atta Annan)等等。这种方式同样会对师生产生很好的激励和鼓舞,从校友和知名人士演讲中获得的信息和体验是书本上和课堂内学不到的。

---

① 伊顿公学学校校徽.[EB/OL]. http://baike.baidu.com/link?url=PloFFSXKWzdTmDzCMptRg0-GdHcYTTNXLbPxN8I_T3oBHwV_O-Le0XF605utmXkI, 2014-3-25.

法国路易大帝高中，著名思想家伏尔泰（Voltaire）、雨果（Victor Hugo）、莫里哀（Moliere）、科学家彭加勒（Jules Henri Poincaré）以及希拉克（Jacques René Chirac）总统等均毕业于此。令人感到钦佩的是，学校对著名校友名单的排序依次是：文学家与哲学思想家、艺术家、画家与作曲家、科学家、政治人物和其他名人、“总统级”的政治人物排在后面①。从中可以看出，学校把思想、艺术、文学的创作看得重于金钱名利和社会地位，这对学生的价值选择会有重要影响。

需要指出的是，在关注毕业校友对学校师生榜样引领的同时，不可忽视校内榜样的影响。追求卓越、积极进取的校长，对知识和学生充满热爱的教师，以及学校所设置的奖项和所表彰的榜样学生等，都在激励和影响着师生的精神追求，引导着师生的言行。

3. 组织特色活动提升和鼓舞师生士气。组织丰富而有特色的活动，提升和鼓舞师生士气，是著名中学学校精神形成的另一重要特点。在世界各地的著名中学中，一个突出特点是艺术体育活动多，社会实践活动丰富，校内外的各种竞赛比赛活动频繁。活动以及竞赛过程中师生所凝聚的集体荣誉感和自豪感，所激发的求胜意志和信心等，竞赛获奖后的激情体验，失败后苦闷情绪的调节等，都在彰显和强化着学校精神。

在莱佛士书院，每一届新生在入校后都要参加为期三天的露营活动。在三天的露营活动结束后，学校会举行专门的仪式，向同学颁发校徽，象征着其正式融入了学校大家庭，以此培养学生的“莱佛士精神”。在斯蒂文森高中，学校组织的每年一次的文艺汇演，是学生们最为激动和紧张的时刻。“离文艺汇演还有两周时间，太疯狂了”是学生表达的对此类活动的期望和态度。“我想看到活力，我想看到好的结果”是学生们对比赛结果的期待。

---

① 薛文平. 路易大帝高中的校友排名：教育价值取向的启示[J]. 当代教育科学，2009(4)：58—59.

其实，学生在校所受的教育是其课内学习与课外活动体验的总和，二者缺一不可。相对于课内的学科学习，实践活动和课余生活对于学生情绪情感的激发、价值观的塑造、人格形成等的影响更直接，也更能给学生内心世界留下深远影响。

4. 增强师生自我规划和自主发展的内动力。师生对自我有着清晰认识，并能规划自我发展，这样师生学习和生活才可能充满活力和动力，学校才会有发展的内驱力，高昂的学校精神也由此形成。因而，鼓励并帮助师生认识自我，引导师生树立高远而又清晰的发展目标和发展路径，增强师生发展的内驱力和自觉性，是这些著名中学的重要特征。

如前所言，早在1896年，时任伊顿公学校长威廉・考利曾言："去一所伟大的学校是为了学习认识自我。"罗素高中的教师也认为，教师在课堂上要做的就是帮助学生认识自己的思想，使他们成为能够独立思考的人。为此，这两所学校都设置了学生顾问制度，对学生在学习、生活、心理、人际交往以及职业选择等方面进行及时有针对性的辅导，帮助学生认识自我，制定自我发展规划。

在斯蒂文森高中，学生学习努力，压力也很重，但乐在其中，因为这是他们自己的选择，做的都是他们认为对成长有帮助的事情。因而，帮助师生不断认识自我，明晰自己的优势和特长，结合社会发展的需要，制定出适合师生个体的发展目标和发展路径，激发师生成长的自觉性和自主性，形成追求卓越的学校精神具有重要价值。

5. 着力培育健康向上的舆论氛围。学校舆论氛围是指笼罩在学校整体环境中、体现着学校所推崇的价值追求、特定传统及行为方式的有意或无意的言论。它以其隐性形态让学校全体成员受到感染，进而产生思想的变化和自觉自愿的行动。尤其是对于中学阶段的学生而言，来自同学的舆论氛围影响在很大程度上会超过教师和父母对其的影响。

在法国路易大帝高中，学生一入学，学校就告诫他们，进入路易大帝高中，不是因为它的声誉，而是为了让它声名远扬。该校的发展史就是和外界不断抗争、自身创新发展的战斗史，这种力量和信念经过一代代的传承和积淀，造就了学校的自信和勇气，这种精神也传到了学生身上。因而，这里的学生不怕困难，学习不屈不挠，为自身和学校创造了诸多佳绩。在这种氛围的影响下，学生自觉地融入群体。

因而，领导者要善于把握和引领学校的舆论导向，营造积极健康的舆论氛围，以此引导师生朝着预定的愿景和目标而努力。为此，学校需要有明确的发展愿景和发展规划，帮助师生形成自己的发展目标和路径。以此为基础，对有利于学校目标达成的健康言论给予强化，而对不利于目标达成的消极抱怨则给予相应的控制。

总之，学校的精神追求是促进该校师生发展的核心要素。著名中学学校精神形成与发展则离不开如下几个方面的相互作用：清晰定位学校的核心价值追求，充分发挥榜样人物的激励和引领，组织富有特色的活动激发和鼓舞士气，增强师生自我规划和自主发展的内驱力以及培育积极健康的舆论氛围等。这对我国知名中学学校精神建设具有重要借鉴价值。

第三章

提升课程领导力，丰富学校办学内涵

对学校办学本质的不断反思，有利于明确学校的办学理念和办学方向。在此基础上，提升校长的课程领导力，有助于丰富办学内涵，提升办学质量。

学校培养人才是一个系统工程，需要有明确的办学理念、丰富的课程体系（学术课程与课外活动）、弹性的教学安排、丰富多彩的社团活动与兴趣小组、多元的评价体系以及一系列的保障制度等。究其实质，这些都属于校长及其团队课程领导力的范畴。学校具备较强的课程领导力，是实现办学目标、丰富办学内涵、提升办学质量与办学品位的必备条件，是一所学校区别于其他学校的核心竞争力，也是知名中学之所以成为知名中学的内涵标志。世界著名中学的一大共性特点就是，这些学校都紧密结合自身的办学理念和办学特色，在国家规定课程的基础上，开设了门类多样的校本课程，有的学校有一百多门，有的学校几百门，包括学术性课程和活动性课程，组建各式各样的学校社团、兴趣小组、志愿者团体等，以满足每位学生学习的不同需求。与此同时，这些学校有着弹性灵活的课程实施教学制度，让学生能够按照自主的节奏来安排学习生活。

当前，对我国不少中小学而言，尤其是知名中学，学校办学的重点已经从规模和外延的扩张转移至办学质量的提升、办学内涵的丰富、办学品位的提高，想方设法地"让每个孩子得到最好的发展"，这就要求不断提升校长的课程领导力。应该说，这是目前不少知名学校的重要任务。

甚至有学者认为，如果校长不能领导课程开设的话，他很难成为一个有效的领导者。较之于新中国解放初期，乡镇干部、退伍军人等教学“外行”来当校长的现象已经为数不多了。目前相当多的学校校长、副校长是从教师队伍走出来的，了解学生学习和班级管理，精通教学结构与流程，熟悉某门学科知识，这些对办好学校有着重要价值。但是对于校长而言，还比较欠缺的是基于学校的办学理念和办学特色，进行校本课程的开发与实施，这既包括国家课程的校本化，也包括学校自主开设课程与实施。这既是一项庞大而繁琐的系统工程，也需要专门的能力，并非做了校长自然而然就能学会的。这里基于对校长课程领导力的认识，结合世界著名中学学校课程建设与教学实施方式，对如何提升我国中学校长领导力提供建议和思路。

其实，国外对校长课程领导力的关注发轫于 20 世纪 50 年代，兴盛于世纪之交。自 2002 年课程领导概念引入我国以来，课程领导力一直是 10 多年来学校领导和中小学校长专业发展实践与研究的重要主题。教育部中学校长培训中心原主任陈玉琨教授经过研究认为，校长的课程领导力是通过对学校课程的领导和管理，实现教育目标的一种综合能力，具体而言，包括课程价值的引导力与课程规划的决策力、国家课程校本开发力和校本课程开发创造力、课程与教学进展的判断力与教师改进教学的执行力、促进教师专业发展的推动力以及提升课程改革的影响力。对学校校长而言，提升课程领导力，需要校长阅读公开出版的课程与教学方面的经典书籍杂志，熟悉课程教学的基本原理；需要校长把握国家和地方教育行政部门的教育政策，了解国家、社会对学校教育的要求，知晓当前世界以及我国教育改革走向；需要不断和同行交流，学习他人课程建设与领导的经验和做法。除此之外，也是最为主要的，校长提升课程领导力，需要在本校课程规划与建设的实践过程中，不断实践、不断总结反思，进而提升对课程的理解程度和领导能力。

一、开设丰富多样的课程，满足学生多元发展需求

我国中小学课程的基本理念是基础性、整体性、多样性兼顾；以人为本、面向

全体学生、促进学生全面发展；学思结合、知行统一、因材施教，为学生提供丰富的学习经验；培养学生服务国家服务人民的社会责任感、勇于探索的创新精神和善于解决问题的实践能力。在建设学校课程时，需要注意如下几个概念。

1. 分科课程与综合课程

这是根据课程内容划分的课程类型。所谓分科课程，就是按一门门学科编制的多学科并列的课程。分科课程在课程内容构造上，从不同门类的学科中选取知识，按照知识的逻辑体系，以分科教学的形式向学生传授知识的课程。分科课程有助于学生掌握系统的科学文化知识，教师易于组织教学和评价活动，有利于学生学习和巩固基础知识。分科课程在近代一统天下，而且越分越细，门类越来越多，不仅增加了学生学习的负担，而且容易将本来有着密切联系的学科割裂开来，使学生不能从整体上去把握知识。分科课程的知识传授方式，容易忽视学生的主动性和积极性，造成学生的厌学情绪，形成被动学习的状态，在一定程度上限制了学生的创造意识、创造精神和创造能力的培养，造成学生“只见树木，不见森林”的思维模式。因此，近代教育中综合课程受到了越来越多的关注。

综合课程是指打破传统分科课程的知识领域，组合两个或两个以上的学科领域所构成的课程。综合课程主张整合若干相关联的学科，成为一门更广泛的共同领域的课程。根据综合课程的综合程度及其发展轨迹，可分以下几种：一是相关课程，就是在保留原来学科的独立性基础上，寻找两个或多个学科之间的共同点，使这些学科的教学顺序能够相互照应、相互联系、穿插进行。二是融合课程，也称合科课程，就是把部分科目统合兼并于范围较广的新科目，选择对于学生有意义的论题或概括的问题进行学习。三是广域课程，就是合并数门相邻学科的教学内容而形成的综合性课程。四是核心课程，这种课程围绕一些重大的社会问题组织教学内容，社会问题就像包裹在教学内容里的果核一样，又被称为问题中心课程。前三种课程都是在学科领域的基础上进行的知识综合的课程形式，它们打破了原有的学科界限，是旧的学科课程的改进和扩展，而核心课程则是以解决实际问题的逻辑顺序为主线来组织教学内容的。根据教育部2001年6月印发的《基础教育课程改革纲要（试行）》的规定，现阶段，我国小学阶段以综合课程为主，初中阶段设置分科与综合相结合的课程，主要包括思想品德、语文、数学、外语、科学（或物理、化学、生物）、历史与社会（或历史、地理）、体育与健康、艺术（或音乐、美术）以及综合实践活动，积极倡导各地选择综合课程。

2. 必修课程与选修课程

这是根据课程在管理体系中的地位作出的划分。所谓必修课程，是学校开设的、全体学生必须修习的课程，它规定了所有学生必须达到的基本课程要求。必修课的开设是全体学生达到培养目标中规定的统一基本要求的保证。在出现选修课程之前，学校所开设的所有课程都是必修课，选修课程出现以后，必修课也是学校课程中最主要的形式，各国的学校必修课程在全部课程所占比重各不相同。不同层次的学校，必修课程在全部课程中所占比重以及必修课程的类型也不相同。《基础教育课程改革纲要（试行）》规定，我国从小学至高中设置综合实践活动并作为必修课程，其内容主要包括信息技术教育、研究性学习、社区服务与社会实践以及劳动与技术教育。这些课程强调学生通过实践，增强探究和创新意识，学习科学研究的方法，发展综合运用知识的能力。

所谓选修课程，是学校开设的、可供学生选择修习的课程，旨在更好地适应学生的个性特点。学生可以根据自己的需要、兴趣和能力，在一定程度上自由地选择修习。选修课程于19世纪初期萌发于德国柏林大学。19世纪末、20世纪初，选修课制度从大学移植到中学，并得到发展。此后西方大多数国家的高级中学和初级中学都开设有一定比例的选修课，选修课一直是中学课程体系的一个重要组成部分，小学开设选修课的情况较少。选修课的开设有利于介绍先进科学技术和最新科学成果，扩大学生知识面，满足学生的兴趣和爱好，发展学生多方面的才能。选修课一般分为两种：一是限制性选修课，又称“指定选修课”，即把有关选修课分为几组，规定学生必须选修其中一组或各组中的一两门；二是非限制性选修课，又称“任意选修课”，即学生可以自由选择的课程。

除了上述两对概念之外，还有学者将课程从显性课程和隐形课程的维度来划分，应该说上述两类课程都属于显性课程的范畴。除此之外，学校还有诸多对学生成长和发展有着潜移默化影响的非正式课程，即学校有意设置的、但是学生确实不知不觉中受到影响和感染的课程，也就是隐形课程，这同样需要引起学校领导的高度重视。本研究把隐形课程及其设置视作是学校文化建设的一部分，故没有单独列出。

二、高度重视艺术教育和体育

无论是分科还是综合，无论是必修还是选修，国内的基础教育体系内设置的更多的是学科课程，学生学习以被动接受间接知识为主，更多地注重对学科知识的理解和识记。纵观国外知名中学，除了门类众多的学科课程之外，他们都开始了诸多的活动课程，如各式各样的体育活动和体育比赛，如足球、篮球、橄榄球、板球、保龄球、高尔夫、校外的划船、远足、森林探险、攀岩、各式田赛等，各式各样的音乐教学、演出和比赛，如合唱、钢琴、大小提琴、手风琴、二胡、计算机与音乐创作、美术欣赏与鉴赏、计算机与美术创造、戏剧演出、陶艺、各种非学科性的社团活动、志愿者活动、俱乐部活动等。

从上述活动课程可以看出，这些活动课程更多地涉及艺术教育和体育，更多地指向学生的兴趣、爱好与特长，指向学生领导力培养，指向学生综合素质的培养。学生在这些活动课程中，通过亲力亲为、亲身参与、亲自体验，在做中学，不仅仅是动脑，也要动手、动身，学生收获的就不仅仅是知识和技能，更多的是和学习学科课程不一样的情绪情感体验。在这些活动中，学生的身体得到锻炼、高尚的情感得以激发、完整的人格得以发展。因而活动课程是高素质人才培养必不可少的课程。而在我国有些中学，活动课程没有得到应有的重视，给学生综合素养的发展和创造力的提升带来不可估量的损失。这是目前我国的中小学尤其是知名中学要高度重视并要积极进行课程建设的领域，务必引起学校领导的高度重视。

本研究认为，学校对艺术教育及体育的重视，和学校所处的社会发展阶段有着重要关系。当社会发展水平较低，社会公众需要解决温饱问题的时候，学校教育往往重视理工科的教学，如我国解放初期，百废待兴，人民温饱问题还未完全解决，这时社会重视和学校关注的是“学好数理化，走遍天下都不怕”，社会发展需要的是以科技带动生产力的发展，学校强调的是数理化学科的教学。而当生产力得到了相应的发展，人们的物质生活得以保障的时候，需要更加重视人的精神生活，培养人之为人的人文情怀，否则的话就会出现“饱暖思淫欲”的现象。从我国社会发展和教育发展的历史来看也是如此，在 20 世纪 90 年代，人们的经济生活得以满足，需要重视人的精神世界和精神关怀，中学教育也从 20 世纪 90 年代开始，有提出“文理并重”、“人文见长”、“人文引领”的理念追求，这也是当时社会发展对中学教育提出的要求。当然，在此基础上，社会发展要求学校高度重视“艺术教育”这一人文教育顶端的灿烂之花。所以学校重视艺术教育以及体育，是社会高度发展的体现和对中学教育的要求，也是人们生活质量和精神品质提升的表现之一。诚如前文美国独立宣言的起草人杰弗逊所提及的：“我们这一代不得不骑在马背上从事军事和政治，为的是我们的儿子一代可以从事科学和哲学，为的是我们的孙子一代能够从事文化和艺术。”

三、设置弹性教学制度，适应学生自主学习

如前所述，每个学生的优势智能领域是不同的。对一个特定的学习主题或内容，每个学生所需要的学习时间是不一样的，能力强、敏感度高的学生很快学会，能力弱、敏感度低的学生需要较长的时间才能学会。那么，理论上，每个学生的学习节奏应该是自主安排的。但是众所周知，现代学校制度、现代班级教学制度的一大特点就是教学节奏的齐步走。一节课 45 分钟的时间，讲授特定的内容，有人将这种教学模式称为“双轨”，即在规定时间内学习规定的内容，其实是不完全符合学生学习的特点的。

那么，在校内可能的条件下，变革学校教学管理制度，为学生个性化的、自主的学习节奏提供保障和支持，也是当前学校教学改革的一大任务。前述的芬兰罗素高中的 2—4 年毕业的制度安排，伊顿公学各门学科分为 1—14 级的教学制度，香港培正中学以及拔萃书院的走班制，内地也有中学在开展的走班制，山西新绛中学的半天自学半天集中课堂教学的实践，都是为保障学生自主学习的实践探索。这也是我国中学尤其是知名中学所应该努力探索和实践的教学管理制度。

当然，无论是走班制还是分级制都会给学校的教学安排、教学管理带来较大的难度和麻烦。在当前数字化、信息化背景下，利用现代信息技术带来的便利条件，将针对知识点的讲解录制成微视频，配以检测作业和其他学习资料，放在网络学习平台上，教师提供清晰的在线学习指导，学生利用一切可以自学的时间，网上自学和交流。遇到问题，可以网上请教教师或其他同学，集中的课堂教学时间内，老师集中答疑学生的共性难题，精讲精练。信息化、数字化的技术可以为拓展学生学习时空、为学生的自主学习提供极大的帮助和支持。

随着现代信息技术与课程和课堂教学的深度融合，各种数字化学习资源越来

越丰富，学生网上学习、教师网上辅导越来越便捷，知识学习越来越多地从课堂上转移到网络上展开。可以预测，线下集中的课堂教学时间是可以压缩和减少的，线下集中教学的任务主要是解决在线学习无法有效解决的问题，如动手操作、亲历亲为的调查和调研，需要师生、生生面对面交流才能解决的任务，如口头表达能力、小组合作能力、动手实践能力的提升等等。因而，随着越来越多的教学任务可以转移到线上，名师的讲解与辅导、舒适的学习环境、自主的学习节奏、随时随地沟通交流，这些都是线上学习较之线下学习的优势所在，线下集中教学时间的减少，学校的课堂教学安排、教学管理制度、学校管理制度，都要随之发生改变。当然，这样改变的目的，都是为了让教学（线上和线下相结合的混合学习）更加适合学生个性化、自主化的学习需求，让教和学更加人性化，教学效率更高，效益更好。

四、重视学生领导力的培养

上述所选取的案例学校，即世界著名中学都极为重视学生领导力这一品质的培养。当然，这一方面和这些学校的精英教育定位有关，为社会培养领袖之才，学生必然要具备高度的社会责任感和一定的领导力。另一方面，具备领导力，也是社会对每个公民素养的一项要求。诚如澳大利亚盖普公立中学的校长所言，在当今社会中，领导力是每个人所应具备的一项能力，在社会中，你需要随时知道何时处于领导地位、何时处于被领导地位。当处于领导地位时，要能够及时担当自己的社会责任，当处于被领导地位时，也需要知晓自己的角色以及所被要求的行为方式。

领导力最为重要的品质是一个人的价值观和责任感，即为他人、为社会服务的意愿和倾向。中学阶段是一个人的人生观和价值观形成的重要时期，因而中学阶段也是人的领导力培养的关键时期,国外著名中学对学生领导力的重视和培养开始于20世纪的50年代,在学生领导力培养方面积累了较为丰富的经验,形成了系统的做法。如,开设领导力的理论课,让学生明晰何为领导与被领导,在活动中激发学生社会服务和成就自我的激情,开展领导力培养的系列活动课程提升学生的领导能力,给学生提供参与领导的社会实践,让学生亲自体验领导的复杂和多变等等。

我国中学,尤其是知名中学对学生领导力培养的重视开始于本世纪初,清华大学附属中学于本世纪初明确提出了"为培育领袖人才而奠基"的办学思想,不仅仅是重视一般意义上作为普通人所应具备的领导力培育,更是追求把学生培养为未来社会各行业的领袖之才。国内致力于中学生领导力培养的"未来之名"组织,自从2009年开始,每年在国内组织一次中学生领导力展示的夏令营活动。中学生领导力展示基于项目展开,项目的设计致力于揭示社会问题,并通过学生小组的团队合作能够解决和缓解社会问题。在这一过程中,学生各方面的能力得以提升和展示。在该组织的推动和引领下,国内不少知名中学都开始了学生领导力培养的探索实践。所以,学生领导力的培养在国内知名中学已经有了一个良好的开端。在今后的办学实践和课程建设过程中,学校需要进行更为系统的设计和组织,让领导力培养的课程更加丰富,更加适合学校和学生本人需求,同时课程能够惠及更多的学生,而非校内的少部分学生。

第四章

改革与完善评价方式引领人才培养模式变革

评价是学校办学和管理的牛鼻子，对学校的教学和管理起着指挥棒作用。当前，在谈到世界著名中学的办学理念和办学实践时，不少国内的知名中学校长不约而同地认为是当前的评价体制和考试制度在牢牢地制约着学校的办学实践，诸多教育改革实践包括新课程改革，由于受到评价的制约，而无法真正有效落实。所以，从知名中学开始做起，尝试改革现有的学校和教学评价方式，探索适合当前而又能面向未来的校本评价内容与方式，是改进学校人才培养模式的关键所在。

一、评价理念的确立：尊重并让每个孩子得到最好的发展

每个孩子都是不一样的，天生是有差异的，社会对人才的需求也是多种多样的。当然，在社会中生存，总归是有一些最为基础的要求的，也是需要通过教育来保障和支持的。教育的任务是在尊重孩子天性的基础上，引导其更好地成长。如果是小鸟，就让他飞得更高更远；如果是小鱼，就让他在水中游得更深更远；如果是小鹿，就让他在森林地欢快地跳跃；如果是黄鹂鸟，就让他唱得悦耳动听……教育的任务如此，教育评价也要以此为理念，评估教育过程对孩子成长与发展的切实影响。诚如芬兰罗素高中的校长阿里·霍卫宁所言：“每个

孩子都需要一张课程表。"那对每个孩子的评价也是一样，每个孩子需要一个评价标准，每个孩子需要一把尺子，"度量"其成长过程中所受教育的"好与坏""优与劣"。诚如美国安多佛中学的负责人所言："在这里，学生的任何成功都受到尊重和肯定"。伊顿公学也是鼓励学生在任何一个领域进行尝试和冒险。在达到社会要求的基础上，让每个孩子充分发展，是当代教育评价最为重要的评价理念。

二、评价事前先行，确立评价的多元标准，形成校本评价方案

如前所言，从学生个体的角度而言，每个人的天赋不同，智能的优势领域不同，有人擅长逻辑推理，有人擅长动手操作，有人擅长与人沟通，有人擅长项目研发等等。从社会需要的角度而言，社会需要的人才也是多种多样的，政治家、工程师、管理者、艺术家、商店服务员、筑路工人、清洁工等，都是社会正常运转所必不可少的。而在德育有效性的基础上，学校教育的重要功能就是发现与发展每个学生的潜能，让其特长充分得以充分发展和发挥，因而对学校教育、对学生发展的评价的标准，也必定是多元的，而不是一元(只看考试成绩)、三元(三好学生)或五元(五好学生)的。学校鼓励每个学生发挥、发展其优势智能，理想的情况是，有多少个学生就应该有多少把评价的"尺子"，并且随着时代的不同，这些尺子还是应该要不断地变化的。

可是，一所学校如何设定多种适合本校校情与学情的这么多"尺子"(即校本办学评价的标准与指标体系)，是当前不少知名中学需要努力改善的方面。这就需要学校有一个教育科研与评价的团队，从本校的办学理念、办学特色、学生学习的基础与现状出发，结合评价的基本理论、国家以及当地教育评价改革的政策导向，制定出本校的校本评价指标体系。这可以细化为如下几个方面：学校办学的

评价标准、校本的学生评价标准、校本的教师评价标准、以及校本的后勤管理的评价标准等。并需要明确每个领域评价的方法，也就是资料与信息收集的方法。针对校本的学生评价方案，更需要确立“每个学生都是独特的”、“每个学生需要一把尺子”、“满天都是小星星”的理念。华东师大考试与评价研究院陈玉琨教授曾说过，办学不要“世界杯”，以 31 支队伍的失败来成就一支队伍的成功；办学应是“奥运会”，让每个选手都各展所长，各显其才，各有特色，各自成功。当然，学校内各类评价指标体系与标准的制定，有一个逐步丰富和完善的过程，每类评价指标体系与评价标准的建设过程，需要该行内全体成员的参与和讨论，方案制定者需要充分听取和吸纳每位成员的意见和建议，最后由学校管理者确定最终的评价方案。

上海市格致中学以绿色评价理念为指导，自 2010 年 9 月至今，逐步建立和实施“‘五能’学生综合素养评价和保障体系”。“五能”综合素养评价体系包括“道德操行素养、学习研究素养、健身运动素养、心理心智素养、创新实践素养”五方面，即学生的德能、学能、身能、心能和创能。每学期，学校根据相关数据，为每位学生形成一份“五能雷达图”，形象、直观地展现学生的综合素养。北京十一学校从“同伴关系”、“师生关系”、“课程与教学”、“资源与支持”、“组织与领导”、“氛围与文化”等几个维度来对学校的发展进行自我诊断，学校将之称为“基于学生发展的自我诊断”。

探索适合当代教育要求、又能够面向未来的评价学生学习、评价教师教学、评价学校管理的校本方案，创造性地实施评价工作，探索适应学生学习规律和教师办学规律的评价方案，也是知名中学的责任。

三、评价贯穿过程，关注学生成长过程的多维信息记录

对学生进行准确的评价，离不开基于相应标准收集相近信息，只有足够丰富

的信息，才能对一个学生进行客观的评价。相对于以一次测试成绩来评价学生的学习情况，档案袋评价就是一种进步，能够从纵向上多收集一些学生的信息。记录学生成长过程中的点滴的事实与进步，如果发现学生成长中的问题，及时地给予纠正与改进。以增强学生学习过程中的进步感、成就感、愉悦感和幸福感。

在当前数字化和信息化时代，可以充分利用数字平台来记录和分析学生的学习与发展情况。并根据相应的评价模型，及时形成学生特定阶段的发展报告，并给予相应的改进意见和建议。信息化背景下的智能评价也是基于该思想而来，这个过程中，最为主要的有三点：一是建立科学合理的评估纬度和评估模型，基于该模型收集学生学习信息，形成评估结论和报告；二是针对每个学生个体的评估报告，智能地给学生提供学习与改进的意见和建议；三是基于意见和建议，给学生提供学习的资源和机会，便于学生学习改进。

当前不少学校在尝试的"智慧校园"或"智能校园"建设，也可以视作在此方面的实践探索之一。全校范围内基于互联网和物联网技术，让每个学生佩戴一个"智能设备"，可以是戴在手上的"手环"、戴在脚踝上的"脚环"，也是可以是嵌入校服中的一个"钮扣"等等。学生自身的基本情况如身高、体重、已有的基本信息等，在学校活动的每时每刻，如在操场上、在图书馆、在课堂、在实验室、在琴房、在书法室、在美术室、在创客实验室、在餐厅、在宿舍等等，均可记录下来。还有更为细致地是，在图书馆阅读的每一本书、每一本杂志，上网浏览的每条信息，学生每天在学习平台上看视频、作业完成和订正情况，在书法室和琴房的作品创作情况及教师评价情况，在操场进行体育运动的情况、餐厅就餐的情况等等，学生每时每刻、每一举动的信息都记录在数据库中。可以进行大数据的积累，并根据评估模型，可以进行自动分析的，由平台来进行统计分析与评估，需要人工进行评价和分析的，仍由教师做出评价。每一个星期或半月进行一次汇总评估，做出学生在这段时期内的在校学习生活与发展的报告，并给出进一步改进完善的建议和意见。

虽然该项工作有一定的难度和复杂度，尤其是科学评估模型的建立，拉网式、地毯式的信息采集站点和渠道，智能化地给学生提供改进的意见和建议，并智能化地推送学习资源，但这是面向未来数字化社会的一项学习与评价探索。

四、评价后期重在反思，提出改进与发展建议

评价后期需要得出评价的结论，即基于采集的数据和信息做出一定的价值判断，给评估对象提出进一步改进的意见和建议。借助于云计算的智能化评价系统，能够在一定程度上自动给出评价结论，提出改善建议。与此同时，评价后期，要对整个评价方案，包括评价理念的确立、评价目标的制定、评价方式的实施以及评价结论的得出等，进行反思和总结，为日后的评价工作提供经验积累和借鉴。

建立符合学生学习和成长发展规律的教与学的评价方案，是一个专业性极强、成本较高的事业，其专业的难度和实施的复杂度远非本研究一个章节就可以讲述清楚的，本研究团队后期也将在这个领域做出更多探索与分析。

第五章

积极探索数字化时代学校办学模式

教育，作为整个社会生产和生活的一个环节，和它所处的时代要求和时代条件有着密不可分的关系。当前，人类社会已经从农业文明，历经工业文明，开始步入信息文明时代，显然和每个文明时代相对应的生产生活方式以及教与学的形式也都是不一样的。从教与学的方式而言，农业文明背景下，教学的主要方式是学徒制教学，即一个师傅带着几位徒弟，手把手地进行个性化的教学与指导。这种教与学方式的优点很明显，每个徒弟都可以得到师傅的亲自指点，学生学习个性化的特点比较容易得到关注和尊重。但是其弊端也很突出，一个师傅不会也不可能带很多的徒弟，倾其一生，带上几十个徒弟而已。孔子号称弟子三千，但是贤才也就是 72 位。况且，这在当时已经是非常了不起的育人成就。随着人类社会从农业文明进入工业文明，机器大工厂出现，生产力的提高致使工厂和企业的生产需要大批受过一定教育的高素质劳动者。师傅带徒弟的教学方式不能满足工厂生产对人才数量的需要。为了满足生产需要，培养更多受过一定教育的高素质的劳动者，现代学校组织、班级授课应运而生。当然，从历史发展的角度来看，班级授课制从提出到正式实施，前后共经历了 150 年左右的时间，学校这一组织从出现到发展成熟，也经历了上百年的时间。班级授课的优点是效率较高，即一个教师可以同时教的学生比较多，一位教师讲课，可以是 50 位学生听讲，也可以是 80 位学生听讲。与此相对应，班级授课制的不足之处是很难照顾学生个性化学习的需要，一个老师面对几十个学生，无法根据每个学生的学习需要进行教学。

如何让每个孩子都能受到适合自我的个性化教育，解决教育“因材施教”问题，即在班级授课制背景下提升教育的个性化程度，做到大规模与个性化的有机统一，是今天的教育面临的重要挑战。现代信息技术为解决这一挑战提供了前所未有的机遇。因而，如何更好地利用现代信息技术，探索数字化环境下教学的新模式、学校管理的新方式等，就成了学校面临的新的任务，知名中学有责任先行一步积极探索，总结经验，辐射他校。

无疑，现代信息技术正在改变着，并已经改变了人们的生产生活、交流沟通、娱乐休闲的方式。学校教育，作为整个社会的一个节点，也要适应社会发展的现实，顺应社会发展提出的要求。比较遗憾的是，学校教育是“被信息化席卷的最后一个角落”，是有待开垦的“最后一块领地”。学校教育，是培养面向未来社会的人，不仅要适应当下的社会需要，更要顺应未来社会发展的需求。诚如大教育家杜威在一百多年前所言：“如果我们仍然以昨天的方式教育今天的孩子，无疑就是掠夺了他们的明天。”所以，在明确学校教育核心任务的前提下，如何充分利用人类社会信息技术发展的成果，服务于当前的教育教学与管理需要，是当前重点中学首先要做出的实践探索。换句话说，在当前的信息技术背景下，在明确学校“培养什么样的人”的基础上，探索如何充分利用信息技术“更好地培养人和评价人”，是当前知名高中的重要任务之一，这是随着社会转型必然要发生的学校转型的需要以及教学转型的要求。诚如国务院副总理刘延东同志在 2012 年指出的：“谁在信息化潮流中落伍，谁就会被时代所淘汰。”2014 年上海《基础教育信息化进程蓝皮书》也提到：“无论你主动拥抱还是被动接受，这就是今天，你必须直面的挑战！”因而，知名中学更有责任在此方面做出实践探索。本章主要从以下几个方面做出回应。

一、适应未来社会的人的核心素养

对于今天小学 1 年级的学生而言，在未来的 10—15 年之间，都要步入社会，在社会中生存发展和生活。未来10—15年之后，社会将会变成什么样子？人需要具备哪些核心素养与技能？今天的学校该如何培养这些素养？需要每一位教育工作者和家长进行深度思考，并为之做出努力。这里，我们可以展开合理的推理和充分的想象，当然，社会发展有时会超出我们的想象。

不妨推理并想象，在未来的信息技术社会：

(1) 机器人(计算机)可以代替人的左脑的工作，有关数据和信息的储存和记忆功能、计算功能、分析和推理功能等，都可以通过电脑来代替人脑。工业化解放了人的体力，信息化解放了人的部分脑力，尤其是左脑。或许在很多领域，计算机会变得比人更聪明。

(2) 机器人(计算机)不像现在这么大而有形，可以变得更小而无形，比如可以戴在手指上、可以贴在头皮上、可以植入皮肤下面、可以进入血液中，甚至可以无处不在，随时服务于人的需要。不乏想象，未来社会所有你能够想象得到的领域均可以用计算机来帮助实现。人机深度融合，分不清你我，真正实现人的机器化、机器的人格化。

(3) 计算机在诸多方面可以代替人的劳动之时，人之为人的活动的主体性、活动的必要性以及活动的呈现形式与内容将充分张扬，如人之为人的情感性、情绪性，活动的艺术性、创造性以及随机生成性等，即人之为人的情感、态度和价值观。因而，研究思考未来社会哪些人之为人的活动性质、形式与内容，即哪些活动是机器所不可取代的，需要人亲自参与、亲自完成的，就成了一个重要的课题，也就是未来社会中人的核心素养的问题。

关于未来社会中人的核心素养的构成问题，不少的专家和学者都做出过探索，结合已有的研究成果，本研究认为，未来10—15年，人的核心素养离不开如下一些方面：

1. 积极的情感态度价值观。这就需要个人有能力对自我特性做出正确的认知，以及对自我与他人、自我与社会关系形成比较全面正确的认识，能够悦纳自我，接受自身的现状，具有同情心和同理心。对他人的情绪情感能够感同身受，换位思考，在此基础上形成积极的情感、态度和价值观。并有积极的倾向，不断改进与完善它。

2. 创造性地解决问题。面对简单或复杂的问题情境，能识别出关键问题，并分析原因、找到解决问题的关键要素与环节，创造性地提出解决问题的方案，并和他人一起付诸实施。人总是生活在现实当中，每天都要面对待处理的问题情景。面对各种问题情景，能够有效分析并顺利解决，是每个人所应具备的核心素养之一。

3. 自主学习的意识和能力。当今以及未来社会，唯一不变的就是“不断变化”，社会每天都在发生变化。要了解社会新变化、顺应发展新需求，每个人都要具备不断学习的意识和能力，并能够坚持自主学习，只有如此，才能在社会竞争中始终保持核心竞争力。因而，不断自我学习的内在驱动、自我学习的能力并能够不断坚持，也是未来社会人之为人的核心素养之一。

4. 符合主流价值期望的行为规范。在任何时候，“人是一切社会关系的总和”这个观点都道出了事实，人生活在由诸多人组成的社会之中，社会必定会有一些被社会群体公认的道德观念与行为规范，如果一个人总是与他人格格不入，本人以及他人都会感到痛苦。所以，具备基本的、符合主流价值要求的道德观念与行为规范，是一个人生存和发展的基础，也是幸福生活的基本保障。

5. 与人沟通与团队合作的能力。人生活在群体当中，无论是从完成一项任务还是从人的生存与生活保障出发，个人都需要和他人有效合作，深入沟通。所以，与人沟通、与团队合作的能力，也是个体在当今以及未来生活所必备的素养。

6. 合理使用现代信息技术的素养。正如不经学习和培训，就开车上路，肯定会造成交通事故一样，在信息化、数字化背景下，如果不具备一定的信息素养、网络素养，就开始使用网络、使用各种电子化产品，也会造成网络使用的事故。所以，学会使用各种信息技术、学会合理地使用网络，也是未来社会学生和教师必备的素养和能力。

本研究认为，以上六个方面是未来信息文明社会中人之为人的核心素养，因而，也是今天的教育尤其是中小学教育所要重点培养的目标与内容。

二、数字化时代教学的内容与形式

对于中小学生的学习而言，本研究认为，无论未来社会如何变化，学校这一社会组织不会被取消，课堂内的学习也必不可少，教师的职业也不会消失。但是在未来信息化数字化的背景下，学校的功能与呈现形式、课堂教学的功能、教学的内容以及组织形式等都必然会发生相应的改变或者是革命性的变革。具体而言，有如下几个方面：

1. 线上与线下相结合的混合教学。在今天乃至未来学习的时代，成人包括中小学生，只要愿意，随时可以在网上查阅各种信息资源和学习资料。也有人预测，在“人机接口”、“意念驱动”可以实现的情况下，人们甚至无需在查阅资料，只要一旦想到（意念驱动）某个事情、某个概念、某个主题，接入大脑的芯片就可以呈现给人脑所需要的有关该主题的各种资料。在这种情况下，知识以及信息的记忆已经无任何价值，“会思考”要比“记得住”重要得多。在这种情况下，课堂内教学的任务、课堂教学的功能以及内容将发生重大变化，比如引导学生思考、师生生面对面的相互激发的生成性讨论、师生的情感交流与沟通、学生展开动手实践活动、进行创造性设计等等。

课堂内，师生面对面的相处主要解决在线学习与交流不能解决的问题、不能完成的任务。教师的教，学生的学，以及师生交流，能够在线完成的就在线完成，不能在线完成，或者在线完成有困难、有局限的任务或活动，放在师生面对面的情景中来完成。充分发挥“在线教学和交流”以及“线下教学和交流”二者的优势，克服二者各自存在的不足之处。

相比较线下教学与交流，学生在线学习和交流的优势是学生在线学习更加自主，自己按照自己的节奏与速度进行阅读、观看和思考，不懂之处可以反复看，懂了的地方可以不看。此外，一个人独处时思维会更加集中，思考问题可以更加全面系统。在线的发言也更有准备、表达更有条理，可以做到“准备好了再发言”。网上的资源也更加丰富，随心所欲，各取所需。对于同一个问题，学生可以看到不同的观点和看法。

当然，相比较在线的学习和交流，课堂内，师生面对面的教学和交流的优势是在听对方口头表达的同时，可以看到对方的面容、表情、眼神、肢体动作等“非语言信息”，也可以感受到对方的情绪、情感(是比较愉悦地诚心说出、还是比较牵强地敷衍对之等)，现场感比较强。这样，就可以综合多种渠道得来的信息，对对方的观点以及对方的学习情况作出全面综合的判断，有时这种判断要比线上的“智能评价”更加贴近于“人之为人”的真实度。线上的智能评价比较容易评价学生知识学习、思维发展的程度，并据此给学生建议、推送相关的学习资源。而人对人的面对面的评价与评断，可以更为准确地判断出人的情绪情感态度。当然这是有一定难度的事情，常言道“知人知面不知心”，尤其是对那些比较善于伪装之人，或者感情不易外露之人，更是如此。但是，无论如何，面对面的情景更容易对对方做出综合全面评价，尽管有时这种评价是错误的。在线评价更容易判断人的知识掌握程度、思维发展的逻辑性、条理性等。

总之，在线教学与交流与面对面的线下学习和交流，各有各的优势与不足。当然，对于不同的学科，其优势与不足又都有不同的表现。在未来数字化背景下，学校教学要探索各学科、各专题的学习，思考如何有机整合线上教学与线下教学的优势，提升教与学的效益与质量，减轻老师和学生过重的教与学的负担。

2. 基于项目设计的知识综合运用与问题解决。从学生学习以便更好地认识世界和解释世界的角度而言，分科教学和综合教学也在不同的阶段都被重视过。从学生学习发生的年龄段而言，学龄前以及小学低年段，孩子感知世界、认识世界和解释世界都是综合的、整体的。孩子在日常生活和活动中的初步感知、粗浅体会以及初步想法等就体现了他对地理学、植物学、动物学、生理学、物理学、化学、社会学等学科内容的最初认识与解释。随着年龄增加，学生认识世界、解释世界乃至创造世界的任务也越来越重，这种综合与整体的表象的呈现方式已经无法让学生有效深入学习，分门别类地认识世界，从某一个纬度和层面来认识、解释和世界，就变得越来越有必要。分科目学习，地理、物理、化学、生物、心理学、政治、历史等学科分别从某一个纬度来深入解释世界。这也是20世纪以来，尤其是工业文明背景下小学高年级、初中、高中乃至大学学习的一个重要特点，即分科学习。所以，分科学习的优势是便于学习者从某个纬度有效掌握知识。然而，我们知道，世界本来是综合的，人们生产生活中遇到的问题也是复杂多样的，单靠一个领域的学科知识很多时候是无法解决的。所以，在分科学习的基础上，学生遇到问题时，若能有效综合各科知识解释和解决实际问题，就是理想的学习目标和学习状态。

然而，现实中的问题是，在我国当前过于分科、缺乏一定综合性的教学现状下，学生在遇到实际问题时分析问题、解决问题的能力还亟需提升。造成该问题的原因涉及到两个方面：一是过于分科教学导致的学生缺乏综合各学科知识解决问题的能力；二是学生学习学科知识的方式主要是以被动接受为主，学习过程中以知识的识记和理解为主，缺乏对知识的应用。为提高学生整合多学科知识解决问题的能力，改善的思路也无外乎两个方面：一是教学时有意兼顾学科知识的综合；二是多给学生提供问题情景，给学生解决实际问题的机会，教师在此过程中给予有效引导和指导。

这也就是基于“项目设计的知识综合运用与问题解决”教学方式产生的背景和缘起，这也是当今世界各国学校教学变革的重点之一。数字化背景下，知识的获取可以随时随地进行，一旦“脑机接口”、“意念驱动”的技术得以实现，海量的知识和信息可以在自己的大脑中随意调取出来，在此背景下，面对问题情境时，找到关键问题、分析问题、提出解决方案、并和他人一起解决的能力，对今天和未来的孩子而言显得更加重要了。当前一些学校开始尝试的“基于项目设计或问题解决的”项目式学习、研究性学习、综合实践活动等，就是这一方面的有效探索。知名中学更有责任和义务探索信息文明背景下基于“项目设计的知识综合运用与问题解决”教学方式的实践形式，总结经验，辐射他校。

3. 对师生进行现代信息技术和网络使用规范的培训，颁发“网络使用资格证”。任何一项技术的发明和使用都具备双重性，如原子弹的发明，可以服务人类，也可以灭绝人类；汽车的发明可以便利人们的交通，也可以损伤人命。合理使用汽车，让人们的出行更加便捷，但是如果不具备驾驶、交通的基本知识和技能，开车上路会造成交通事故，损伤人命。现代信息技术和网络可以服务于学生的学习，也能有害于学生的学习。如果学生不能恰当地使用网络，很可能会网络成瘾，在网络上玩游戏、娱乐社交，沉迷于自我的虚拟世界，损害个人身心健康、影响正常的学业学习。当然，这是作为家长和教师都不希望看到的现象。因而，合理使用现代信息技术和无线移动网络，是作为当今以及未来师生都要掌握的基本素养。作为先行一步探索的学校，要对学生和教师做好相应的培训，只有学生和教师（尤其是学生）达到了一定的要求，才准许使用网络。诚如交通驾驶需要具备驾驶证、教师上岗需要教师资格证、心理咨询需要具备心理咨询证一样，学生学习期间使用网络（平台），也要具备“网络（平台）使用资格证”。给学生颁发这样的“网

络(平台)使用资格证”,可以从如下几个方面考虑:

(1) 需要掌握的现代信息技术以及网络使用方面的操作技能,如会登录、检索、会提交作业、会做笔记、会网上发帖等。这或许有点类似于计算机等级证书的测试。

(2) 明确规定在网络上可以做什么。如可以检索学习资源、查看相关资料、学习老师推荐的视频、完成教师布置的作业、网上做笔记、与同学进行学习生活交流、开展专题的网上研讨等等。

(3) 明确在网络上不能做什么。如不经家长和教师允许,不可以玩游戏、不可以进行娱乐性社交;课堂听讲、讨论期间,不能上网;自学、写作业时间,在网络上浏览,一次不能超过30分钟(不同年龄段可以有不同时长的规定);等等。

(4) 在网络使用的管理方面,可以借鉴驾驶证的使用管理规定。如在学生上学使用网络期间,如果发现有不符合上述规范的行为,可以给予批评、警告、扣分等处分,如果有严重违反者,可以在一定时间内取消其“网络使用资格证”,重新学习“网络使用资格”的相关要求和规定,经考核合格才可以再次使用网络。

通过上述的培训,让学生更加规范地使用网络,让现代信息技术服务于学生的学习,服务于师生的教学,而不是相反。

三、数字化时代的学校管理:顺应教学变革需求,满足学生个性化学习需求

1. 数字化时代学校管理变革的理念。无论在任何时代,学校的管理对外是为了顺应社会的改变,对内要激发教师的积极性、引领并满足教学改革的需求。

如前所言,私塾制度下的师徒制的教学形式容易满足学生个性化与自主式的学习需要,但是不能满足社会发展对大批量人才的要求。于是产生了班级授课

制，班级授课制较之于师徒制的优势是满足了社会生产对“大批量标准化”人才的需求，但是班级授课制的缺点是很难照顾到每个学生个性化的学习需求。如何兼顾个性化与高效率的统一，即如何对全体受教育者开展个性化的教育教学，是自工业文明以来全世界教育者孜孜以求的理想和目标。但是受制于工业文明技术发展的条件，这一目标始终没有实现。正如在农业文明背景下，要实现对所有孩子进行教育的理想是不可能实现的道理是一样的，教育是受制于整个社会发展的状态和条件的。

今天，在信息文明背景下，充分利用现代信息技术带来的便利支持，实现对全体教育者的个性化教育已经逐渐变得可行，越来越多的教育者和学校正在开始尝试，有的学校已经取得了积极的成果。借助于网络信息技术，在教师的有效指导下、在信息技术的支持下，学生在网络上自主地学习丰富的知识，学习突破了教室、学校围墙等物理空间的限制，拓展了学习的时间，学习的自主性大大增强。

与此同时，师生的交流互动可以不被削弱。在信息文明背景下，师生的交流沟通可以在网络上开展，也可以在课堂内面对面进行。这较之于原来的单一的在课堂内面对面进行的形式，也是一种进步，师生交流与沟通多了一种渠道，多了一种路径。不少学校的教师也反映，较之于以往，基于对学生学习信息和数据的掌握，师生的交流更加具有针对性，更加具体和深入，交流和互动也更有效。信息文明背景下，课堂教学依然不可少，教师的作用依然不可低估，但是学生课堂学习的任务和内容已经发生了变化，即在学校学习的更多的是不可复制的知识，如与人沟通的能力、创造的能力、自信心与同理心、积极进取的态度、动手操作的能力等，而不仅仅是或者说不是既定的知识和原理。

2. 数字化时代学校管理方式变革。当前，技术正以人们想象不到的指数级速度向前发展，学校的教育与管理也正灵活地使用各种技术，以提高管理的效率和教育教学的效益。可以想象，数字化时代的学校管理，可以在如下几个方面有更多改进：

（1）基于各种移动智能终端，教职员工之间的沟通会更为便捷、畅通，信息到达的速度更快。各种 APP 的使用、网上办公系统的使用，让人与人之间的沟通零距离，信息分享随时随地就可进行。这让学校管理变得更加扁平化、减少了组织架构之间信息的隔离与传递的不畅。让学校管理更加民主，教师都可以参与学校重要议题的讨论。

（2）运用大数据和物联网，可以让校园变得更加“智能化”。学校的各种设施设备都联入物联网，通过大数据的后台分析，让其更加人性化、个性化地服务师生。比如餐厅卫生指标的自动检测与调节，教室温度与空气指数的自动检测与调节，图书馆图书借阅情况的分析等，在互联网和大数据的帮助下，校园可以变得更加“聪明”，更具“智能”化。

（3）教学管理制度更具弹性。诚如前所言，信息文明背景下，学生的学习方式以及教师的教学方式，都是线上线下相结合的、虚拟与现实相混合的。学生可以在线学习一定的知识，按照安德森的认知目标分类学的划分，事实性知识和概念性知识是很容易通过在线传播的。在学生在线学习的情况下，每一节课的课堂教学时间就未必需要 45 分钟，每天也就未必需要 8 节课或 6 节课。教学节奏的安排应该是根据教学任务的安排，结合学生目标达成的情况，更加具有灵活性，而不是下课铃声一响，学生的学习内容和任务必须进行切换，不管你是还在进行紧张的思考，还是早已觉得无聊了。有的课可能 25 分钟就可以了，而有的课可能需要 70 分钟，是基于教学任务和学生的学习情况来定的，而不是一刀切的统一规定。

（4）更具个性化的学生评价制度。数字化时代，基于平台和终端，可以更为便利地收集学生在校学习生活的各方面数据信息，对信息的建模分析，有利于教师从多方面、多纬度评估学生的在校学习生活的情况。让评价更为客观、更为多元。

四、数字化时代的教育评价：多元采集数据、全过程记录、智能化分析、个性化反馈

借助现代信息技术的便利，教育评价以及学生评价都可以更加满足学生发展的个性化、自主性需求。学校作为办学主体，首先基于办学目标确立本校的学生评价目标、学生评价的指标与要素，以及实现评价目标的评价模型。这是一项专业性很强的工作，需要了解教育目的、学生学习规律、本校发展的特定条件与可能、本校对学生发展的期待与要求等，制定评价方案。在此基础上利用现代信息技术可以带来的便利，收集与分析学生在线学习生活的各方面信息。

信息化、数字化时代教育评价的优势在于基于物联网的设施设备，可以采集到学生从入校到离校的多渠道信息，以及学生在家学习的数据信息。在校的信息采集可以包括在线学习数据（学业成绩与学习情况）、图书借与阅的信息（阅读情况）、运动项目与时间的信息（健康与运动情况）、参加社会调研和社会实践服务的信息（综合素质发展的情况）等。当然，学习平台自动统计学生的这些信息，基于建模的公式分析每个学生的学习生活情况。

根据对学生学习生活现状的分析与判断，网络学习平台自动为学生推送所需的学习资源，建议的学习任务和活动，让学生在原有的水平上能够有进一步的发展和提升。

第六章

继续推进教育家型校长办学，保障校长办学自主权

调研访谈中，国内不少知名校长说道，对于上述世界著名中学人才培养的理念与做法，其实并不陌生，有的是通过阅读报刊文摘上的信息了解到的，有的是亲自到国外考察的所见所感。他们也曾努力在校内尝试进行一些改革实践，但是目前面临的最大问题有两个：一是高考成绩的压力，二是自身缺乏相应的办学自主权。对于知名中学，在高考升学率相对较为稳定的情况下，学校办学的实践主要取决于自身是否有相应的办学自主权。校长抱怨较多的就是，上级教育行政部门对学校干预得太多了，大至学校的发展目标，小至学校的一个项目，都要经过行政部门的审批。不少地方的教育局长成了区域的学校的“大校长”，而学校的校长则有点类似于教务主任了，校长的一些想法很难在学校中得以贯彻落实。还有些校长抱怨，当前校长承担的责任过多，压力过大，学校的一切事务，校园安全、教师专业发展、办学经费、教学质量等，校长都是“第一责任人”。搞一点改革也是如此，稍有闪失和差错，校长就要被免职、被问责，承担了过多的责任，缺少相应的权益保护，这也让不少校长在办学方面不敢施展拳脚。因而，如何吸引优秀的、教育家型人士来当校长、办学校，如何保障校长办学的自主权，赋予校长办学的权益并承担应有的责任，激发学校办学的活力，提升学校管理水平，则是教育行政体制改革与学校管理体制改革的当务之急。

一、教育家型校长办学的必然要求

时至今日，教育界之外的人士对基础教育的专业性与特殊性认识不足。教育的专业性与特殊性首先体现在教育的精神性与情感性的特性。教育不像医疗一样，稍不小心就会闹出人命，教育效果的好与坏，其见效没有这么显著。和医疗影响人的身体健康相类似，教育影响的是人的心灵健康。心灵以及平时所言的情感、态度、价值观，看不见，摸不着，但是又切切实实地决定和影响着人的生活、人的发展、人的一举一动。正如杭州学军中学校长陈立群所言："看不见的决定看得见的。"所以，教育对人的心灵的影响、精神的发展、智慧的提升、人格的陶冶，更多是隐性的、长期才能够见成效的，而这对于人一生的发展又是非常重要的。激情只有靠激情来激发、热情只有靠热情来点燃，精神只有靠精神来感染，这些精神性品质的养成靠说教几乎是没有用的。这就需要教育者包括尤其是校长，要具有崇高的教育情怀、道德感与对教育事业的神圣追求。教育的这一本质属性，无论在任何时代，都是不变的。即使到了现代信息技术文明的条件下，信息技术的便利可以提高知识传授、知识讲授的效率，让人与人之间的沟通更为便捷。但是在教育领域，尤其是基础教育领域内，信息技术使用的目的不是为使用而使用，而是为了学生更好地成长与发展。在提升学生知识学习效益的同时，省出更多的时间，教师可以更好地健全学生的人格、感染学生的精神、提升学生的价值观、发展学生的创新精神和创造能力、规范学生的行为等。而不是本末倒置，在使用信息技术时，迷失了教育的本质，弱化了教育本质的追求。因而校长要具有崇高的教育情怀和深沉的教育使命。

作为学校校长，不仅要关注校内之事，还要关注校外之势。学校教育以及办学实践，有其独特性和特定性，但是学校作为社会的一环，教育与办学实践必须要顺应未来社会发展趋势，引领当前社会变革实践。教育培养面向未来生活和发展的人，未来社会将如何运作，以及对生活在那时的人们会有哪些核心素养的要求，是今天的学校教育与办学实践必须要考虑的。教育的无奈之处在于“用人类积淀的昨天的知识，教育今天的孩子，却让他们要去适应未来的生活”。所以，作为学校之长，需了解社会发展的趋势与对人的要求，以及对学校教育提出的要求、挑战，以及社会发展给教育发展带来的可能的机遇，扎实稳步地推动学校办学实践。

与此同时，校长在世界发达国家的学校内，被认为是“教师的教师”、“教学领导者”。因而，校长（包括教师）除了要具备崇高的教育情怀之外，还要熟悉教育教学的要求，了解学生发展的规律和特点、知道知识发展的逻辑、知晓教学的艺术，掌握激发与引导学生发展的道与术。校长最好是某个学科教学领域的专家级教师，能够开发课程，在专业领域内有自己的话语权和引领权，在教师群体中有威望。也只有如此，校长对学校的领导与管理才能把握到最为核心与关键之处，这也是学校校长区别于“行长”、“厂长”之处，即校长之为校长的专业性与核心竞争力。只有如此，学校内最为专业的变革如课程建设、教学改革，校长对其的领导与变革才不会偏离专业的本质，也更容易取得教师的信任，引领教师群体共同发展。因此，校长要具备先进的教育思想与教育理念。

在上述崇高的教育情怀、先进的教育理念的基础上，校长需长期扎根于一所学校的办学实践，经年累月，日渐积累，将其教育思想逐渐外化，影响师生的思想和发展。在办学实践过程中，要始终脚踏实地，扎扎实实，同时还要仰望星空，不断反思总结，提炼理念，凝练思想。让优秀的办学思想、办学理念得以外显，辐射和影响他校。

通常而言，“一个好校长就是一所好学校”，其实“一所好学校更离不开历任的好校长”。校长的情怀与追求、视野与平台、思想与理念、实践与反思，在潜移默化地影响着学校办学成效，影响着教师和学生发展。所以知名中学的办学与发展，离不开历任校长的持续努力与追求。

当然，教育家型校长并非天生的，需要校长的自我追求，需要理论陶冶，需要实践反思。教育家型校长的成长之路本研究不做过多探讨，但是成长为教育家型校长应该是每位校长的终身追求，需要校长的持续实践、学习、思考和反思。

二、教育治理体系中保障学校作为办学主体的地位

针对当前学校办学中，教育行政部门干预太多、干预太细，但有时又缺乏担当责任的现状，即教育行政部门的“越位”、“缺位”、“不到位”的现状。国家也正在努力改变这一情况。其举措之一就是推进教育治理体系和能力的现代化，明确定位政府以及教育行政部门的职责，更多地让教育行政部门从“办教育”走向“管教育”、从“微观管理”走向“宏观管理”、从“直接管理”走向“间接管理”、从“教育管理”走向“教育治理”，保障学校在教育治理体系中的主体地位。

教育部关于推进教育治理体系和治理能力现代化的文件中明确指出：“推进教育治理体系和治理能力现代化，要根据教育发展的自身规律和教育现代化的基本要求，以构建政府、学校、社会新型关系为核心，以推进管、办、评分离为基本要求，以转变政府职能为突破口，建立系统完备、科学规范、运行有效的制度体系，形成政府宏观管理、学校自主办学、社会广泛参与的格局，更好地调动中央和地方积极性，更好地激发每个学校的活力，更好地发挥全社会的作用。”政府管理教育、管理学校的方式主要是宏观管理，那么就是要做到转变职能、简政放权、创新方式，把该放的放掉，把该管的管好，做到不缺位、不越位、不错位。保障学校的自主办学，就是要落实学校办学主体地位，明确权利责任，自我管理、自我约束、自我

发展。

学校作为办学的主体，校长担负着办学质量高低的责任。一个好校长就是一所好学校，也是以保障校长的办学自主权为前提的。政府既然把学校交给了校长办学，就要信任校长、支持校长、赋予校长办学的权利，明晰校长应当承担的责任，参与制定学校发展的目标，学校发展与管理的过程要交给校长来负责、运作。政府以及教育行政部门做好监督、考核、保障、支持和服务的工作即可。对学校办学的过程不可干预过多，抑制校长办学的积极性和主动性。

三、校内完善校内治理，切实落实好学校办学自主权

校长在办学的过程中，要做好校内治理，一方面处理好行政权力的配置，哪些权力归校长直接拥有，哪些权利需要赋权给相关部门，哪些专业性的工作需要委托给社会第三方部门。同时要积极吸引多方参与办学，民主决策，激发教职员工、家长（社区）以及其他利益主体参与学校管理的积极主动性，乐于接受社会各方的监督与问责，激发学校内部办学活力。

有关校内治理的内容，如办学理念与办学目标的确立、人才培养的内容与方法、学校管理的机制与保障等，本研究前面已有较多的论述，这里不再一一详述。

结语
研究的艰辛，发现的喜悦

一、研究的历程与主要的收获

围绕《世界著名中学人才培养模式研究》的课题，从 2011 年 12 月课题立项至今，本研究持续了将近 6 年。从案例学校的选取，到每所学校人才培养模式的分析，到对 10 余所案例学校人才培养模式的横向比较，再到提出改善我国知名中学人才培养的建议。这其中既有新发现的喜悦，也有研究无法有效深入开展的痛苦和焦灼。

课题开题时，就有学者提出，怎么认定一所中学是世界著名中学？围绕这一问题，课题负责人和研究团队首先非常谨慎地给出了世界著名中学的定义，即指那些有着深厚的文化积淀、优秀的教师群体，能提供适合学生个性发展的教育教学以及质量保障体系，著名校友人士多，在世界范围内享有高度知名度和美誉度的中学。该定义得到了该领域专家学者的认可。围绕这一定义，经网络筛选和课题组成员讨论，本研究首先选取了 10 所中学，即英国的伊顿公学和威斯敏斯特中学、美国的斯蒂文森中学和安多佛中学、法国的路易大帝高中、芬兰的罗素高中、新加坡的莱佛士书院、澳大利亚墨尔本女子中学、我国台湾的建国中学、香港的培正中学。纵观上述世界著名中学，均有着悠久的办学历史，并在长期的历史传承中，积淀了丰富的学校文化内涵，形成了鲜明的学校特色。与此同时，这些学校在长期的历史发展中培养了数多位享誉全球的知名人物。

案例选取后，本研究团队开始分析每所中学的人才培养模式，对于何为人才培养模式，人才培养模式包含了哪些方面，学界还是有着比较一致的认识。本研究团队也给予了清晰的界定，即是指在特定办学理念的引导下，按照一定的人才培养目标和规格，以相对稳定的课程体系和教学方式，并借助于一定的管理制度和评价体系，实施人才教育活动过程的总和。

在确定了世界著名中学的范围和人才培养模式的内涵之后，本研究团队首先对每所案例学校的人才培养模式进行梳理分析，采用的研究方法主要是文献法和调查法。课题组成员先是收集和整理这些著名中学的研究中英文的文献，然后再到该学校的主页上仔细分析学校的办学历史、办学理念、课程与教学、学生生活与学生活动，学校管理制度等。本研究团队创造和借助各种条件到这些案例学校去调研，但是比较遗憾的是，因各种原因，研究负责人未能到每所案例学校去实地考察和调研。课题负责人以及课题组成员亲自到访考察的学校主要有美国斯蒂文森高中、安多佛学校、新加坡莱佛士书院、澳大利亚墨尔本女子中学、台湾地区建国高级中学、香港培正中学。对案例学校人才培养模式的梳理、分析是本研究的一项基础性工作，前后持续了3年。本研究也分别整理出10所案例学校的人才培养模式，即是本著作的第一部分"世界著名中学人才培养的个性描述"。

在对10所案例学校的人才培养模式进行了逐一梳理的过程中，本研究负责人和研究团队发现这些世界著名中学在人才培养方面有一些非常明显的共性特点，如积极进取、追求卓越的学校精神，服务国家社会的价值追求，"成就每个学生最好的自我"的办学理念，以及丰富的课程设置、多样的体育艺术活动、对学生领导力培养的重视等等。本研究负责人强烈感受到这些共同的特性是如此明显，不管是公立学校还是私立学校均是如此，也无关学校历史的长短和社会文化的异同。为此，本研究负责人逐一对其办学共性进行梳理，如世界著名中学学校的精神特性、学校精神的功能、学校精神的形成机制、学校的课程开设、学校的学生管理和评价制度等。这就形成了本著作的第二大部分——世界著名中学人才培养模式的共性分析。当然，这部分内容还有很多有待深入、需要进一步抽取其人才培养的共性方面和差异方面，这也是本研究有待持续进行的重要方面。

结合我国知名中学人才培养的现状，参照世界著名中学人才培养的特点，本研究也给出了改善我国知名中学人才培养模式的建议，即本研究的第三部分“他山之石，可以攻玉——我国知名中学改善人才培养模式的思路”。如不断反思学校办学的本质与规律，加强学校精神建设，提升课程领导力，改革评价方式，探索数字化环境下学校办学新模式，以及推动教育家型校长办学并不断赋予校长办学自主权等。

二、改善我国知名中学人才培养模式的持续努力

在研究进行的过程中，本课题负责人受邀在我国著名中学如深圳中学、广东中山纪念中学、清华大学附中、昆明外国语学校等，为学校人才培养模式的改革提供参考和建议。本人也曾在教育部中学校长培训中心的广州卓越校长班、贵州名校长班、上海杨浦区名校长班、江苏江阴名校长班等校长培训班上，为校长们开设专题讲座《世界著名中学办学经验解析》，有着较良好的效果。

与此同时，在和我国知名中学校长交流研讨的过程中，本人也强烈感受到，对于世界著名中学人才培养模式的理念、做法等，我国知名中学校长对其并不陌生，

一则是因为当今是信息化、网络化的社会，每个人都可以在网上获取这些世界著名中学办学的信息，二则是因为今天我国的知名校长也有较多的机会出国考察和调研。所以，客观而言，我国知名中学的校长对本研究中提及的世界著名中学人才培养的理念和做法并不陌生。

但是如前文所述，我国知名中学和学校校长在具体的学校办学实践过程中比较欠缺的方面有三，一是对学校课程的领导力；二是对学生体育艺术教育的重视还不够，这既有评价体制的因素，也有校长自身的认知因素；三是对学校办学优良传统的继承还有待强化。一任校长一个办学思想的现象还普遍存在，对学校办学过程中优秀实践和思想的坚持还不够。当然造成上述现象的原因有多种，校长反映最多的是校长的办学自主权还不够大，学校办学经常受到上级教育行政部门的干扰。与此同时，高考升学率的压力对学校办学的影响压倒了一切。这两方面的原因让我国中学校长的自主办学受到了很多制约。“虽然知道名校办学规律，但是实践中很难坚持做到”，是我国当前知名中学校长的一个普遍反映。

尽管本研究也给出了改善我国知名中学人才培养模式的建议，当然，要改善这种局面，既需要外部环境的改善，更需要学校校长对办学规律的坚持和坚守。明确了办学规律后，勇于实践，重在坚持。久而久之，学校人才培养质量可以得以提高，学校特色可以得以形成。

三、致谢

本研究从 2011 年正式开始启动，至今历时 6 年，在此过程中受到了诸多前辈和同仁的指导和帮助。陈玉琨教授、沈玉顺教授对本研究多次指导和点拨，在此十分感谢！当年的研究小伙伴孙思、陈敏、刘冬梅等，已经成长为各行业的骨干，感谢他们为本研究收集和整理资料过程中所作出的贡献。还有一批未曾谋面的文献作者，都给予了本研究诸多的启发，在此一并致谢！本书的出版更是离不开华东师范大学出版社彭呈军先生的多次鼓励、督促和帮助，在此深表敬意！由于本人研究能力有限，书中不免有诸多疏漏和不足之处，敬请各位教育同仁批评指正！

著者：田爱丽

2017 年 05 月 01 日

于华东师范大学丽娃河畔

世界著名中学办学之道

图书在版编目(CIP)数据
世界著名中学办学之道/田爱丽著.—上海:华东师范大学出版社,2017
ISBN 978-7-5675-6518-0
Ⅰ.①世… Ⅱ.①田… Ⅲ.①中学—办学经验—世界 Ⅳ.①G637
中国版本图书馆CIP数据核字(2017)第121425号

著　　者　田爱丽
策划编辑　彭呈军
特约编辑　王培茗
责任校对　胡　静
装帧设计　卢晓红

出版发行　华东师范大学出版社
社　　址　上海市中山北路3663号　邮编 200062
网　　址　www.ecnupress.com.cn
电　　话　021-60821666　行政传真 021-62572105
客服电话　021-62865537　门市(邮购)电话 021-62869887
地　　址　上海市中山北路3663号华东师范大学校内先锋路口
网　　店　http://hdsdcbs.tmall.com

印 刷 者　浙江省临安市曙光印务有限公司
开　　本　787×1092　16开
印　　张　16
字　　数　209千字
版　　次　2017年8月第1版
印　　次　2017年8月第1次
书　　号　ISBN 978-7-5675-6518-0/G·10389
定　　价　38.00元

出 版 人　王　焰